¡Despertad Hijos!

Volumen 7

¡DESPERTAD, HIJOS!

Volumen 7

Diálogos con Sri Mata Amritanandamayi

Mata Amritanandamayi Center, San Ramon
California, Estados Unidos

¡Despertad Hijos! — Volumen 7
Adaptación de Swami Amritaswarupananda

Publicado por:
Mata Amritanandamayi Center
P.O. Box 613
San Ramon, CA 94583
Estados Unidos

-------------- *Awaken Children 7 (Spanish)* -------------

Primera edición por MA Center: septiembre de 2016

En España: www.amma-spain.org

En la India:
inform@amritapuri.org
www.amritapuri.org

Este libro se ofrece humildemente a
los pies de loto de
Sri Mata Amritanandamayi
la inmanente luz que brilla
en el corazón de todos los seres.

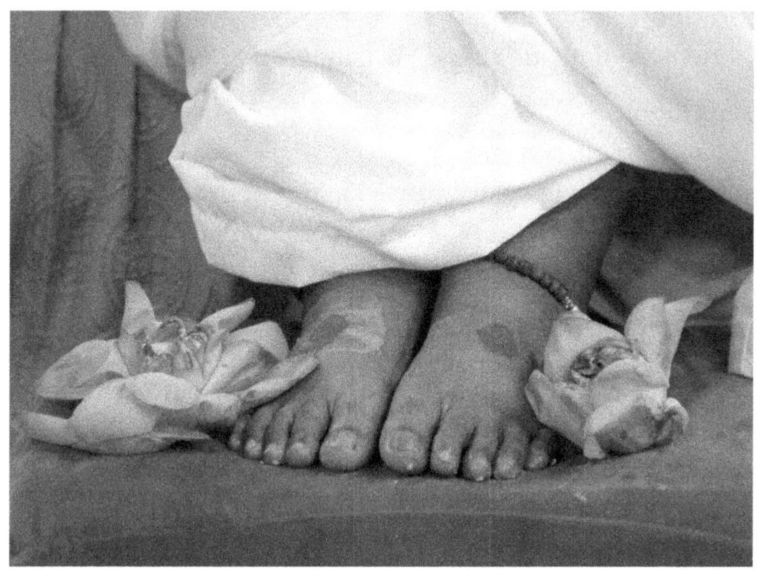

Vandeham-saccidanandam-bhavatitam-jagatgurum
Nityam-purnam-nirakaram-nirgunam-svatmasamsthitam

Me postro ante el Maestro Universal, que es Satchidananda (Ser Puro-Conocimiento-Dicha Absoluta), que está más allá de toda diferencia, que es eterno, pleno, sin atributos, carente de forma y que mora siempre en el Ser.

Saptasagaraparyantam-urthasnanaphalam-tu-yat
Gurupadapayovindoh-sahasramsena-tatphalam

Sean cuales sean los méritos que se alcancen por medio de peregrinaciones y baños en las Aguas Sagradas que se extienden a lo largo de los siete mares, no pueden compararse, ni siquiera mínimamente, con el mérito de compartir el agua en la que se bañan los Pies del Maestro.

—*Guru Gita* Versos 157, 87.

Contenidos

Prefacio

Practicar el Vedanta en la propia vida es zambullirse en la profundidad de la vida verdadera, conocerla y experimentarla, en todo su esplendor y gloria. El Vedanta no niega la vida; por el contrario, la afirma. Es parte de la vida misma. No nos habla de algo que nos sea ajeno, sino más bien trata sobre nuestra verdadera naturaleza, sobre nuestra auténtica existencia. De hecho, la vida verdadera emerge solamente cuando uno empieza a explorar su propio Ser interior. Es entonces cuando iniciamos el auténtico camino de nuestra existencia. La Madre nos dice, «Al igual que comemos y dormimos, la práctica de la espiritualidad debe convertirse en una parte imprescindible de nuestras vidas. Mientras no se establezca un equilibrio entre espíritu y materia, no puede alcanzarse la verdadera felicidad, ni cumplirse el objetivo de la vida. Ese equilibrio constituye ciertamente el núcleo de la vida, y su logro es en verdad el propósito del Vedanta y de todas las religiones verdaderas del mundo».

Este libro, el séptimo volumen de «Despertad, hijos», es, me atrevo a decir, la quintaesencia del Vedanta. Es un camino seguro que conduce a una vida plena y feliz. Cada una de sus frases es profunda y nos revela la esencia de la espiritualidad y de la vida. La lectura de este libro puede concebirse como una meditación, que nos permite vislumbrar nuestro propio Ser interno.

En todo el mundo podemos encontrar personas que son consideradas como expertas en sus respectivos campos. Dan discursos y dirigen seminarios sobre cómo lograr una vida feliz, llena de éxitos y libre de estrés. Es algo propio de nuestra era moderna. Hasta cierto punto, todo esto puede parecer beneficioso, pero a la larga no da resultado. Normalmente tiene un efecto transitorio en los participantes, quienes rápidamente vuelven a caer de nuevo en sus viejas actitudes mentales. ¿Por qué? Porque ni sus instructores, ni ellos mismos, tienen el poder de penetrar en las causas profundas, reales, del problema; de modo que éste emerja por completo a la superficie con todas sus raíces. Sólo un verdadero Maestro, como la Madre, puede conseguirlo.

Esta es la era del temor y la ansiedad, la era del dolor profundo y angustioso. ¿Cómo se puede salir de semejante dolor? ¿Cómo se puede alcanzar la otra orilla de la existencia? ¿Cómo se puede permanecer tranquilo y sereno en medio de todo el caos y confusión? He aquí el camino. La Madre nos lo enseña. Y no sólo eso sino que nos toma de la mano y nos conduce hasta la meta. ¿Cuál es el secreto? La Madre nos lo dice: «Sed testigos y no os mováis del verdadero centro de vuestra existencia. Morad en el propio Ser interno, y simplemente observad cómo transcurre todo. Cuando aprendáis este arte de observar, que es propio de vuestra verdadera naturaleza, todo se convertirá en un juego hermoso y sumamente agradable».

En sus diálogos con los discípulos y devotos, la Madre, que es la personificación de la Verdad Suprema, revela para bien de Sus hijos, varios niveles de conocimiento. Iluminados por las palabras de nuestra amada Madre, graciosas y dulces como el néctar, el sendero se vuelve más claro. Sólo tenemos que caminar por este bien definido sendero. No os preocupéis, no hay nada qué temer, ya que Amma sabe que somos como niños que empiezan a caminar. Y por lo tanto, Ella camina a nuestro lado, sosteniendo firmemente nuestra mano, ayudándonos y guiándonos con infinito amor y compasión. La victoria es nuestra.

Swami Amritaswarupananda

Los acontecimientos narrados en este libro sucedieron en su mayoría entre principios de octubre de 1984 y enero de 1986. Las excepciones son la visita de la Madre al templo de Meenakshi que tuvo lugar a mediados de 1977, su anuncio sobre el fin de Krishna Bhava que se produjo en octubre de 1983, y la muerte del poeta Ottoor Unni Nambootiripadu que ocurrió el 25 de agosto de 1989.

Capítulo 1

No el yo limitado sino el Atman infinito

¿Cómo puede la Madre transformar las vidas de tantas personas y, en particular, la de muchos jóvenes que todavía no han experimentado los placeres de la vida? Esta pregunta la suelen formular, tanto creyentes como no creyentes. La respuesta resulta simple: Cuando estamos en presencia de la Madre y contemplamos sus ojos, recibimos una fugaz visión de nuestro verdadero Ser. Los ojos de la Madre reflejan lo infinito. Todo su ser nos hace vislumbrar el estado de existencia más allá de la mente, el estado de total ausencia de ego. En la Madre contemplamos nuestra propia pureza, la pureza del amor inmaculado, la pureza del Ser infinito o Atman.

Supongamos que durante toda nuestra vida hemos estado consumiendo comida de pésima calidad. De pronto un día comemos por primera vez un alimento delicioso y nutritivo. Una vez probado este alimento sano y sabroso, y teniéndolo fácilmente a nuestra disposición, ¿nos seguirá apeteciendo nuestra comida anterior? No, empezaremos a anhelar la comida nutritiva y saludable. Del mismo modo, en presencia de la Madre, a través de cada una de sus miradas, de su contacto, de sus palabras y hechos, experimentamos la ambrosía de la inmortalidad. Nos la da a probar, y sentimos que ahí se encuentra nuestra verdadera naturaleza, el Atman. También descubrimos que lo que hasta ahora hemos experimentado como placer, no es absolutamente nada comparado con esta gozosa experiencia. A través de esta primera experiencia percibimos que no sólo somos un cuerpo o un pequeño y limitado yo, sino el Ser infinito y todopoderoso, el Atman (Dios). Según lo expresa Amma: «Nos percatamos de que no somos un débil corderito, sino un poderoso león». Para ilustrar esta enseñanza, la Madre nos narra la siguiente historia:

«Una vez una gallina empolló un huevo de águila que por casualidad se encontraba entre sus propios huevos. Después de un tiempo se rompieron los cascarones y salieron los polluelos. El aguilucho se crió con los pollitos, escarbando y buscando gusanos en la tierra. No tenía ni la más remota idea de su verdadera naturaleza, de que él era un águila poderosa. Pasaron los días y los meses, crecieron todos los pollitos y se convirtieron en aves adultas. Sin embargo, el aguilucho seguía viviendo como las gallinas, considerándose un miembro más del gallinero. Vivía completamente ignorante, por lo que identificaba su existencia con la de una simple ave de corral. Un día, otra águila que planeaba por el cielo vio casualmente a nuestro aguilucho mientras éste se entretenía escarbando y picoteando gusanos junto al grupo de gallinas. El águila quedó sorprendida al observar tal espectáculo. Pensó que debía salvar al aguilucho, haciéndole ver su autoengaño, por lo que decidió buscar una buena oportunidad para encontrarse con él. Un día, cuando el aguilucho se encontraba solo, el águila descendió y se acercó a él. Cuando el aguilucho vio bajar del cielo a la enorme águila se llenó de espanto y empezó a cacarear como un pollo. Al instante se acercaron corriendo todas las gallinas para proteger al aguilucho. De este modo, el águila tuvo que emprender de nuevo el vuelo sin lograr su objetivo. Pero poco después, sucedió que el aguilucho se extravió en una zona muy alejada de la de sus amigos, y al águila se le presentó una nueva oportunidad para encontrarse con él. Lenta y cautelosamente el águila se acercó una vez más al aguilucho. Esta vez se las ingenió para decirle desde cierta distancia que era un amigo y no un adversario, y que tenía algo muy importante qué comunicarle. El aguilucho seguía receloso e intentaba huir, el águila tuvo que convencerle para que no lo hiciera. Le explicó que él no era un simple pollo de granja, sino una poderosa águila y que, al igual que él, podía elevarse y volar por el cielo. También le dijo: «Tú no perteneces a la tierra. Perteneces al vasto e infinito cielo. Ven conmigo y siente la dicha de elevarte por el aire. Puedes hacerlo porque eres igual que yo, tienes los mismos poderes que yo. ¡Vamos, inténtalo!» Así trataba el águila de persuadirle. Al principio, el aguilucho permaneció totalmente incrédulo. Incluso llegó a pensar que podría ser una treta para que cayese en una trampa. Pero el águila estaba decidida a no ceder en su empeño. Con paciencia y mucho tacto, se las ingenió de nuevo para ganarse poco a poco la confianza del aguilucho, y así poder solicitarle que le siguiera hasta un lago cercano. Como quiera que el aguilucho ya había empezado a confiar en el Águila, aceptó algo más seguro el ofrecimiento y la acompañó hasta el lago. Cuando llegaron a la orilla del agua, el águila le propuso: «Ahora, mira en el agua. Mira tu propio reflejo y observa la gran semejanza que existe entre nosotros dos». El aguilucho miró en las claras y tranquilas aguas. Miró y miró y sus ojos no podían creer lo que veían. Por primera vez en su vida se le presentaba su imagen verdadera. Y ahora sabía que no tenía el más mínimo aspecto de pollo, sino que era exactamente como el águila. Después de esta experiencia, su confianza en el águila fue en aumento. De igual modo, se acrecentó su confianza en sí mismo, por lo que obedecía incondicionalmente todas las instrucciones que el águila le daba. Al principio, el aguilucho tuvo cierta dificultad para elevarse del suelo, pero poco tiempo después podían verse las dos águilas volando juntas, remontándose hacia el cielo con graciosa majestad».

La Madre nos dice, «Muchas personas actúan como el aguilucho. Viven sus vidas en la ignorancia, sin percatarse de su verdadera naturaleza. Hijos, sois el Ser todopoderoso. El universo entero os pertenece. Sois el Maestro del universo. De hecho, sois el universo mismo. No os consideréis como seres débiles, carentes de fuerza y limitados».

Gracias a la presencia de la Madre vislumbramos nuestra auténtica naturaleza. En Ella descubrimos nuestra verdadera identidad. Nos volvemos silenciosos y La contemplamos maravillados, porque esta es la primera vez que en nuestras vidas se nos ha concedido el privilegio de contemplar un indicio verdadero de nuestra auténtica naturaleza. Cuando la Madre declara que no sólo somos nuestro cuerpo, el ego o pequeño yo, sino que somos el Ser Supremo; Sus palabras se dirigen al corazón porque proceden directamente de la Verdad más elevada, del mismo Atman Supremo. Ella conquista plenamente nuestra voluntad y luego, lentamente, nos ayuda a remontarnos hacia las más elevadas cumbres de la espiritualidad. Hemos estado viviendo como el aguilucho sin saber quiénes somos realmente. Y en el esplendor de la presencia de la Madre, llegamos a comprender instantáneamente, como el resplandor de un relámpago, que no somos de este mundo, sino que somos el Ser supremo.

Cuando nos identificamos con el cuerpo, la mente y el intelecto, vivimos en un estado de ilusión, como el aguilucho. Somos águilas poderosas que podrían elevarse a las alturas del vasto cielo espiritual, y sin embargo vivimos y morimos como polluelos, sin conocer nuestra verdadera naturaleza.

Capítulo 2

La locura de la mente

La Madre charlaba con los brahmacharis y unos cuantos devotos, uno de los brahmacharis le formuló la siguiente pregunta:

«Amma, si realmente somos el Atman, ¿por qué cuesta tanto experimentar esta verdad?»

La Madre respondió: «Alcanzar la Verdad es siempre lo más difícil y al mismo tiempo lo más simple. Para los ignorantes y egoístas aparece como lo más difícil de alcanzar y conocer, pero para aquellos que tienen curiosidad y un ardiente deseo de saber, se presenta como lo más sencillo.

«La gente sólo pretende alimentar su ego. Nunca piensa en llegar a conocer al Ser. Para conocer al Ser, previamente se debe dejar morir, por inanición, al ego. Pero desgraciadamente la mayoría no procura ni desea que el ego muera de hambre. Por el contrario, la gente se aferra a él cada vez más. La tendencia predominante en los seres humanos es la de atraer toda la atención posible. Quieren ser elogiados y reconocidos, como si se tratara de un derecho adquirido por nacimiento. De este modo se alimenta el ego que va engordando con la atención que se le presta. ¿Cómo vais a conocer al Ser si vuestro ego ansía constantemente atención?

«Para realizar al Atman la mente tiene que disolverse. Mientras haya mente, estaréis dominados por el ego.

«La gente señala con el dedo a los enfermos mentales y los llama «locos». Pero no saben que son ellos mismos los que de verdad están locos. Todo aquel que vive identificado con su mente es un loco, porque la mente es locura. En el caso de una persona trastornada se manifiesta claramente y, por lo tanto, resulta fácil constatarla. Mientras que en tu caso, aunque no se manifieste tan claramente y no sea tan obvio, la locura está presente porque la mente está presente en ti.

«Observad a la gente cuando se pone nerviosa, por lo general se angustia o se enfada. De hecho se vuelven locos. La ira no es más que un estado de locura transitorio, y lo mismo ocurre con el nerviosismo y la ansiedad. Cuando estáis muy enfadados, os volvéis locos; habláis y actuáis desenfrenadamente. Experimentáis un estado temporal en el que se pierde el equilibrio mental. Si un estado semejante perdura, entonces se le llama locura. Si dejas que tu mente actúe libremente y no la mantienes bajo un adecuado control, caminas hacia la pérdida de tu estabilidad y, finalmente, hacia la locura.

«La mente equivale al ego, ella te convierte en un ser egocéntrico. Es necesario que salgas de ti mismo, que abandones tu ego, para centrarte en el Ser o Atman, el verdadero Centro de tu existencia. Para lograrlo la mente debe extinguirse, el ego debe morir. Sólo entonces podrás establecerte en el estado de *sakshi bhava* (consciencia de ser testigo).

«El ego es el mayor obstáculo en tu camino hacia la Verdad. El ego no tiene una existencia real por sí mismo, ya que la mente y el ego son ilusorios[1]. Actualmente tenemos la impresión de que la mente y el ego son nuestros aliados, pero sólo nos confunden, alejándonos de nuestra verdadera naturaleza. La mente y el ego no tienen poder propio; la fuente de su poder deriva del Atman, nuestra verdadera naturaleza. El Atman es nuestro Maestro verdadero; sin embargo, nos dejamos controlar y mal aconsejar por falsos maestros, a saber, la mente y el ego. No sólo nos desorientan, sino que también ocultan el rostro de nuestra verdadera naturaleza.

---

[1] La mente tiene cuatro funciones o aspectos distintos. Son: La mente = facultad de dudar; *chiita* = almacén de recuerdos; *buddhi* = facultad de decidir; *ahamkara* = el ego - sentimiento del 'yo' y 'mío'. Es la misma mente, pero con nombres distintos según su función.

Tened esto muy presente e intentad salir de la limitada concha de vuestra mente y ego. La semilla no puede brotar y convertirse en un gran árbol a menos que su envoltura exterior se rompa y muera. Del mismo modo, la Verdad interior no puede realizarse sin la completa extinción del ego».

El ego se alimenta de la atención que se le dispensa

Pregunta: «Amma, Tú has dicho que el ego se alimenta de la atención. ¿Cuál es el sentido de esta afirmación?»

Amma: «Hijos, demandar atención es parte de la naturaleza humana. Es algo que hacemos todos los días, a cada momento. Seamos o no conscientes, todos la exigimos. Los seres humanos tienen una tendencia innata para encontrar modos de atraer la atención de los demás. Hasta un niño pide atención. Sin ella, la mente y el ego no tendrían existencia.

«Un marido desea la atención de su esposa, y ella quiere la de él. Los hijos anhelan la atención de sus padres. Los hombres buscan atraer la atención de las mujeres, y éstas procuran que los hombres se fijen en ellas. La gente hará lo que sea con tal de obtener la atención de los demás. Todo el mundo desea atención. Esta tendencia también existe en los animales. La única diferencia estriba en que ellos adoptan diferentes maneras para atraer la atención. Quien tiene una mente y un ego siente la ineludible necesidad de atención, no puede vivir sin ella.

«Las acciones que la gente emprende para captar la atención de los demás son similares en casi todos los países. Aparece de una manera más pronunciada en los adolescentes. Resulta muy llamativo y, a veces, hasta disparatado lo que llegan a hacer con tal de atraer la atención de los otros, especialmente si pertenecen al sexo opuesto. Pero actúan así porque a esa edad están por completo bajo el dominio de su mente y ego. La mente nos trastorna. ¿Qué otra cosa, sino locura, puede emerger cuando estás totalmente sometido a su vaivén? El resultado de una mente alocada sólo puede ser la locura.

«A medida que crecéis, vuestra mente y ego también se desarrollan, pero se vuelven mucho más sutiles y, por lo tanto, vuestro modo de atraer la atención se tornará también más sutil. Vuestros métodos tal vez no sean tan llamativos como antes, pero el anhelo permanece siempre vivo.

«La Madre escuchó una vez esta historia: Un periodista estaba preparando un artículo sobre el alcalde de cierta ciudad. El periodista quería saber las opiniones que le merecía a la gente su alcalde, de modo que entrevistó a un sector representativo de la población de la ciudad y les preguntó qué pensaban sobre él. Todos tenían algo negativo que manifestar sobre su alcalde. Decían que era despiadado y corrupto, le echaban la culpa de todo lo que funcionaba mal. Muchos, incluso, declararon que lamentaban haberle votado. Se trataba, pues, de un alcalde muy impopular. Finalmente, el informador conoció al alcalde. El periodista le preguntó qué remuneración recibía por su trabajo. El alcalde le confesó que no recibía ninguna.

«¿Entonces por qué se empeña en conservar su puesto como alcalde de esta ciudad, si no obtiene ningún beneficio y la gente está descontenta con su gestión?», preguntó el periodista. «Le diré por qué - pero de manera oficiosa -», dijo el alcalde. «Quizás sea impopular, pero disfruto con todos los honores y atenciones que se me brindan».

«Muchos asesinatos se cometen simplemente para atraer la atención de la gente. El ego en su más alto grado de exaltación puede incluso llegar a creer que, a través de actos de extremada crueldad, recibirá un merecido reconocimiento social. Es algo que está ocurriendo en todo el mundo.

«Hace pocas semanas un joven vino a visitar a Amma. No tuvo el menor empacho en revelar a Amma que su mayor anhelo era hacerse famoso. Le dijo a Amma que sentía un intenso deseo de ver aparecer su nombre y fotografía en un importante periódico. Amma estuvo hablando con él durante un tiempo a fin de que entendiera lo insensato de su actitud. Al final, el joven cambió de idea y lamentó lo que había dicho. El joven había sido sincero consigo mismo, y por eso le habló abiertamente a Amma de su deseo. Pero ¿no es esto lo que anhela la mayoría de la gente? Sólo que la gente rara vez es sincera; nunca dicen lo que sienten. Hay un enorme muro entre la gente, entre el individuo y la sociedad. La gente ha perdido su apertura debido al predominio de sus egos. Sólo les preocupa satisfacer sus propias mentes y cumplir sus deseos.

«Cuando un niño llora está pidiendo atención. Todas vuestras ambiciones y deseos se basan en la fuerte, aunque sutil exigencia de atención de vuestro ego. Cuando queréis convertiros en profesionales de éxito, estáis buscando atención. No os conformáis con ser seres humanos ordinarios, queréis ser extraordinarios, mejores que los demás. No os conformáis con ser simplemente lo que sois. Sentís la necesidad de ser reconocidos y honrados. Sucede así porque la gente tiende a morar más en la mente que en el corazón. Amma no dice que no debáis tener semejantes ambiciones. Está bien tenerlas, pero no deben hacer que os sintáis orgullosos ni egoístas. No debéis ser arrastrados por la mente y sus deseos.

«Un científico puede ser mejor científico si aprende a ser menos egoísta. Un político puede dar mejor ejemplo y ser un estímulo para la gente si aprende a trabajar más desde su corazón que desde su mente. Y un deportista alcanzará más metas, si es capaz de controlar su ego.

«Cuanto más egocéntricos seáis, más atención demandaréis. Os volveréis más susceptibles respecto a todo. Consideraréis que la gente os debe hablar y comportarse con vosotros de una determinada manera, e incluso llegaréis a reclamar el respeto de los demás, aun cuando no lo merezcáis.

«Amma conoce a un músico que exige ser tratado con un gran respeto. Es un músico de talento, pero su orgullo lo ha convertido en un personaje poco atractivo. Un día, uno de sus admiradores, que a su vez tenía un gran talento musical, comentaba sobre la forma en la que el músico cantaba cierta canción clásica de la India. El comentario lo hizo frente a un pequeño grupo de admiradores del músico. Desgraciadamente éste no aceptó la crítica, aunque fue expresada de manera suave y respetuosa. La tomó como un insulto que debía reparar y, sin otro tipo de consideración, abofeteó al hombre delante de los demás.

«Las personas egoístas, sean lo que sean, sienten un profundo miedo a no ser respetadas. Temen perder su prestigio. No pueden siquiera llegar a imaginarlo pues constituye toda la base de sus existencias. Sus egos se alimentan de la admiración y el respeto que los demás les muestran. Si no lo obtienen, se vienen abajo. Si no son alabados, respetados, o no reciben la atención que ellos exigen, se irritan y pierden la compostura. A causa de su ego y de su propia consideración personal, son incapaces de admitir crítica alguna, aunque ésta sea constructiva. Se sienten profundamente ofendidos si alguien se atreve a cuestionar cualquier cosa que les afecte personalmente. Quieren ser siempre el centro de atención de cualquier discusión, especialmente cuando están presentes. Toda su vida gira en torno a la atención que los demás les puedan prodigar. Cuando esas personas finalmente se retiran, su única fuente de entretenimiento se basa en recordar el pasado. Viven del pasado, porque ese fue el tiempo en el que obtuvieron la máxima atención. Su jubilación será una experiencia desgraciada porque ya no tendrán nada con qué alimentar sus egos, salvo sus recuerdos. O viven del pasado o mantienen muy cerca de ellos a alguno de sus fervientes admiradores, para seguir recibiendo algo de atención y que les hablen de su glorioso pasado.

«Escuchad esta interesante historia: El período de disolución final había llegado a su término y la siguiente creación estaba a punto de empezar. Brahma, el Creador, concibió una multitud de especies. Era entonces el momento de asignar a cada especie su correspondiente perspectiva de vida. Empezó por el hombre. Al hombre le dio un tiempo máximo de vida de treinta años. Pero el hombre no estaba satisfecho y pidió una vida más larga. Brahma contestó que una perspectiva de vida no puede aumentarse arbitrariamente, porque el número total de años concedidos a todas las criaturas vivientes ya había sido establecido. Rogó y suplicó a Brahma hasta que el Señor finalmente dijo: «Bueno, vamos a ver si puedo ayudarte. Ponte aquí a mi lado y espera. Ahora voy a llamar a las demás criaturas. Si alguna especie no quiere la totalidad de la vida que se le asigna, les dejaré decidir cuánto quieren vivir y después te daré los años que sobren de su asignación». El hombre aceptó encantado y se quedó junto al Creador mientras llamaba a cada una de las especies.

«Brahma llamó a continuación al buey y le dio una perspectiva de vida de cuarenta años. El buey dijo: «Oh Señor, no podría soportar vivir una vida tan larga. Ten misericordia de mí y acórtala a la mitad». Brahma lo hizo, y transfirió al hombre los veinte años restantes de la vida del buey. El hombre se sintió feliz con una vida que duraría cincuenta años.

«A continuación el Señor Brahma llamó al burro, a quien le concedió una vida de cincuenta años. En tono lastimero dijo el burro: «¡Oh mi Señor, no seas tan cruel! Sería mejor no haberme creado en absoluto. Mi Señor, no quiero vivir tanto. Veinticinco años es más que suficiente para mí. Por favor ten la bondad de no darme más que eso.» De este modo veinticinco años más pasaron al hombre. Y así es como su perspectiva de vida llegó a alcanzar los setenta y cinco años. Sin embargo él seguía a la expectativa.

«Después del burro, Brahma llamó al perro. Cuando estaba a punto de bendecirle con treinta años de vida, el perro empezó a aullar en señal de protesta. El perro dijo al Señor. «¡No, mi Señor! No quiero estar en la tierra más de quince años». Así fue como el hombre recibió otra bonificación de quince años.

«Brahma se volvió para comprobar si el hombre se sentía satisfecho. Pero ¡mirad! En su rostro sólo se reflejaba el descontento.

«La quinta especie llamada fue el gusano. Brahma propuso para él una vida de diez años. Al oír esta propuesta, el gusano estuvo a punto de desmayarse. Suplicó al Creador, «Oh Señor, tiemblo al pensar en tan larga y miserable vida. ¡Te ruego que la reduzcas a sólo unos pocos días!» De nuevo, el hombre se alegró mucho por recibir otros diez años, lo cual convirtió su perspectiva de vida en la redonda cifra de cien años. Tras la concesión de tan larga vida, el hombre, lleno de regocijo, bailó de alegría e inició una nueva etapa vital en la tierra.

«Hijos, hasta los treinta años, la vida es para el hombre un período de educación - un tiempo en el que está libre de toda inquietud y responsabilidad . Su vida es fácil y sin preocupaciones. Más tarde, cuando se casa, su vida se parece mucho a la de un buey. Al igual que éste arrastra fatigosamente una carreta. El hombre se agota tirando de la pesada carga familiar. De este modo llega a los cincuenta. Sigue llevando la pesada carga de las responsabilidades de su vida y la de su familia. Ya no tiene la salud, ni el vigor de que gozaba en sus primeros días, por lo que se vuelve perezoso. En esta etapa, su vida puede compararse a la del burro, ya que ahora está viviendo en la perspectiva de vida del burro.

«Cuando los años del burro llegan a su fin, el hombre está totalmente exhausto y ha perdido su fuerza. Durante los quince años siguientes, lo dejan al cuidado de la casa y de los nietos, como a un perro. La mayor parte del tiempo lo pasa en soledad, o tumbado, completamente ignorado por sus hijos y por sus nietos. Ahora piensa constantemente en el pasado, en los viejos recuerdos.

«Los últimos diez años, que fueron transferidos de la vida del gusano, el hombre los malgasta arrastrándose, está desvalido por causa de la edad y la enfermedad, su cuerpo y sus sentidos son nulos. Todo lo que puede hacer es yacer tumbado y recordar su pasado, lo único que le queda. Finalmente abandona esta vida de forma muy semejante a como lo hace un gusano. El deplorable aspecto de este final de la vida está marcado por la desesperanza, el remordimiento y la aflicción.

Mientras escuchaban esta hermosa historia, los devotos reían para sí porque reconocían cuán cierto resulta esto en la vida. La Madre les sonrió y dijo: «Hijos, aprended a vivir como si nunca hubieseis existido. Sólo entonces viviréis en la Verdad».

Capítulo 3

Sakshi bhava (el estado de ser testigo)

Los brahmacharis y unos cuantos devotos occidentales estaban sentados en torno a la Madre en el límite de los terrenos del Ashram. Uno de los occidentales planteó una pregunta sobre *sakshi bhava,* la experiencia de ser el testigo de todo.

Pregunta: «Amma, el otro día mencionabas el estado de *sakshi bhava*, o consciencia de ser testigo. Me pregunto si ser testigo ¿es una función propia de la mente, o una experiencia más allá de la mente?»

Amma: «No, no es una función de la mente. *Sakshi bhava* es un estado en el que permaneces constantemente desprendido e impasible, observando únicamente lo que ocurre, sin interferencias de la mente y sus pensamientos. No puedes ser testigo de todo si se produce una constante interferencia de la mente. La mente está compuesta de pensamientos. Sólo puede pensar y dudar. En el supremo estado de ser testigo moras constantemente en tu verdadera naturaleza.

«En *sakshi bhava* te conviertes en el testigo de todo. Simplemente lo observas todo. No hay apego o implicación, sólo observación. Serás incluso testigo de tus propios pensamientos. Cuando observas conscientemente el proceso de tus pensamientos, no piensas , ni actúas. Estás quieto. Sólo observas y disfrutas, sin emocionarte o afectarte por nada. ¿Cómo puede la mente estar en un estado como éste? La mente sólo puede pensar, dudar y apegarse. No puede ser testigo.

«El proceso del pensamiento pertenece a la mente; mientras que el estado de ser testigo pertenece al Ser superior. Ser testigo supone morar en el estado de Consciencia Pura. La mente y sus pensamientos no son reales. Son una ficción que nosotros creamos.

Tan solo la Consciencia Pura es lo real. Pensar puede parecerte natural, pero no lo es. No forma parte de tu verdadera esencia. Tus pensamientos y tu ego tan solo crean inquietud y agitación. No te pertenecen, por lo que seguirás inquieto hasta que los elimines.

«Ser testigo es el estado de observar simplemente con perfecta consciencia. En el estado de *sakshi bhava* estás absolutamente consciente. Por otro lado, cuando te identificas con tu mente y tus pensamientos, ya no eres consciente - estás lejos de la Consciencia Pura. Estás en tinieblas y no puedes ver con claridad. La mente sólo ve el mundo externo, la forma exterior de las cosas. Es incapaz de ver la realidad tal como es porque tú nunca ves, sólo piensas. Y cuando piensas, no puedes ver la realidad.

«La acumulación de pensamientos y deseos sólo producirán más pensamientos, y éstos te irán alejando de tu ser verdadero. Para ser testigo es preciso permanecer en un supremo estado de desapego. Una mente apegada no puede ser testigo, únicamente puede estar sujeta a pensamientos y objetos externos. Sólo le importa el «yo» y lo «mío». Cuando eres testigo no existe la experiencia del «yo» o de lo «mío». Vas mucho más allá de esos estrechos y limitados pensamientos.

El ser verdadero mora en tu interior

«Cuando te conviertes en testigo de todas las cosas, ya no reclamas nada. Todo, ya sea el «tu» o el «yo», es visto como el Ser Supremo o Suprema Consciencia. Una vez que te estableces en ese estado nada puede herirte o afectarte. Te mueves más allá de la mente y dejas de identificarte con el cuerpo. El cuerpo continua ahí, pero ahora es como si estuviese muerto. No das ninguna importancia al mundo exterior o a lo que opine la gente. Sabes que, en realidad, no puedes agradar o contrariar a nadie. En algunas ocasiones puedes actuar como si estuvieses loco, en otros momentos como una persona cuerda. A veces pareces una persona apegada, y a continuación te muestras ajena a cualquier tipo de apego, completamente libre y desapegado. Puedes parecer extremadamente afectivo y compasivo, para inmediatamente después no mostrar rasgo amoroso alguno. En realidad, tu comportamiento resulta totalmente imprevisible.

«Una vez que hayas alcanzado el estado de *sakshi bhava*, puedes mantener la disposición de ánimo que quieras, dirigirte a cualquier nivel de consciencia, desde el más alto hasta el más bajo y viceversa. Pero al mismo tiempo eres simplemente un testigo. Todo se convierte en un juego hermoso, encantador, un juego maravilloso. Externamente la gente sigue viendo cómo cambias de un estado de ánimo a otro y de una emoción a otra; pero internamente estás inmóvil. Nunca te mueves de ese único centro de la Realidad. El verdadero centro está en el interior, no se encuentra en el mundo externo.

«Cuando te estableces en ese centro verdadero, no te mueves. Te has establecido allí para siempre. Y, sin embargo, puedes moverte sin límites, de infinitas maneras, sin abandonar jamás el centro. Te transformas en Dios, y Dios puede moverse de un modo infinito. No hay límites.

«Una vez que te estableces en el centro de la existencia, puedes ignorarlo todo si lo deseas; o si quieres sonreír constantemente, eres libre de hacerlo. Si no quieres dormir, o no quieres comer absolutamente nada, no tendrás necesidad de hacerlo. Por otro lado, podrás comer lo que quieras, y si deseas dormir un año entero, también te será posible. Pero interiormente siempre estarás despierto, totalmente despierto. Aunque parezca que duermes, no duermes en absoluto, y aunque parezca que comes, no estás comiendo nada. Si quieres permanecer en tu cuerpo, también te será posible. Si deseas abandonarlo, también podrás hacerlo. Y después de abandonar tu cuerpo, puedes volver a entrar en él siempre que quieras. Y si no deseas volver al cuerpo, puedes permanecer donde estés. Puedes elegir el vientre del que quieras nacer, y el tipo de cuerpo que quieras tener. Todo es posible.

«Tal vez la gente piense que haces algo, pero tú sabes que no haces nada. Sólo observas, tan sólo eres testigo.

«De modo que sólo alcanzas el estado de ser testigo, cuando te desprendes completamente de la mente y del proceso del pensamiento. Entonces te vuelves plenamente consciente de todo, incluso de tu propio proceso mental. Se trata de una actitud hacia todas las cosas que puede ser cultivada, habitualmente, por el aspirante que se encuentre en el camino espiritual».

Sed plenamente conscientes

Pregunta: «Amma, ¿qué quiere decir ser consciente del proceso de tus pensamientos?»

Amma: «¿Puedes ver cuando surge un pensamiento en tu mente? ¿Puedes ver cómo el pensamiento actúa y muere? Cuando eres capaz de ver claramente un pensamiento, ese mismo pensamiento se vuelve impotente. La identificación con un pensamiento le otorga poder, por lo que éste culminará en acción. Un pensamiento con el que no te identificas no tiene poder, se vuelve débil e inactivo. Cuando ves un pensamiento y no te identificas con él, actúas como un simple testigo. En esta posición adquieres plena consciencia, dejas de pensar, lo cual significa que no te identificas con ningún pensamiento. Cuando actúas como testigo, sólo hay Consciencia.

«Puedes observar que dos personas pelean entre sí. Presencias la pelea, no participas, no estás implicado, simplemente te das cuenta, observando conscientemente. Cuando eres testigo, eres consciente, estás plenamente despierto. Tu consciencia está despejada, clara y no se ve afectada por lo que observas.

«Pero ¿qué ocurre con los que pelean? Ellos forman parte de la pelea. No pueden verse porque están profundamente dormidos. La energía negativa y los sentimientos negativos como la ira, el odio y la necesidad de venganza, nublan sus mentes y se vuelven ciegos. Cuando la energía negativa predomina, no eres realmente consciente de tus actos y, por lo tanto, no puedes actuar como testigo.

«La mente se compone de energía negativa, así como tus pensamientos y tu pasado. Convertirse en testigo supone despertar de verdad y volverse consciente de todo lo que sucede, tanto dentro como fuera, si bien dentro y fuera son meros conceptos carentes de existencia. En el estado de suprema contemplación te conviertes en el centro de todo, puedes observar todos los cambios que se producen. Éstos ya no te afectan porque te has transformado en el mismo centro, de donde emerge la fuerza de la vida. En el estado de ser testigo te fusionas con la suprema Energía cósmica.»

Pregunta: «Amma, has afirmado que cuando nos convertimos en testigos nada nos puede afectar. Sin embargo, en contraposición a esta idea, se ha dicho que incluso los *Mahatmas* parece que sufren enfermedades físicas».

Amma: «Hijo, tienes razón. Es verdad que parecen sufrir. De hecho, nunca sufren, pero *parecen* sufrir. Cuando te conviertes en testigo, llegas a presenciar, incluso, la muerte de tu cuerpo, y simplemente observas su sufrimiento.

«Escucha esta historia: Había una vez un santo que vivía a orillas del río Ganges. Estaba totalmente absorto en la Consciencia Divina, y en ese estado pronunciaba constantemente el mantra: «Shivoham, Shivoham» (Yo soy Dios, Yo soy Dios). Los *sannyasins* que vivían en la otra orilla podían escuchar el canto continuo de este santo. Un día, sentado en la orilla del río pronunciando el habitual «Shivoham, Shivoham», un león bajó de los bosques del Himalaya y se acercó al santo. Los *sannyasins* al otro lado del

Ganges observaban con horror cómo la fiera se acercaba al santo, dispuesta a abalanzarse sobre él. Inútilmente le gritaron desde la otra orilla: «¡Cuidado con el león! ¡Corre, salta al agua y salva tu vida!» Cuando el santo vio al león aproximarse, no tuvo miedo alguno. Aceptó lo que parecía inevitable, pues había llegado el momento de abandonar su vida en la tierra. Y dado que moraba en un estado de unidad con toda la creación, no percibía diferencia o separación alguna entre el león y él mismo, ambos constituían una unidad. De hecho, era el santo quien rugía a través del león. Por tanto, se quedó sentado donde estaba repitiendo serenamente, «Shivoham, Shivoham». Los *sannyasins* vieron como el león saltaba sobre el viejo santo. A pesar de haber sido atrapado por el león, el santo seguía cantando, «Shivoham, Shivoham». La fiera empezó a destrozar su cuerpo. Pero, ¡qué maravilla!, el santo continuaba cantando, «Shivoham, Shivoham», como si él mismo en forma de león, estuviese saciando su propio apetito. Mientras el león devoraba al santo, éste permanecía impasible, como si nada le estuviese sucediendo.

«Sabéis que en el mercado se venden galletas con diferentes formas de animales. Unas tienen forma de tigre y otras de conejo. ¿Creéis que una galleta con forma de tigre es un tigre, sólo porque tiene esa forma concreta? Y si veis juntas una galleta con forma de conejo y otra con forma de tigre, ¿creéis que tendrá miedo la galleta con forma de conejo, pensando que la galleta con forma de tigre la matará y se la comerá? No, por supuesto que no, porque básicamente no hay diferencia entre ellas dos. Las diferentes formas se elaboran exactamente con los mismos ingredientes. Comprobáis este hecho cuando sois conscientes de que vuestra verdadera naturaleza es el Atman. Entonces os convertís en testigos desapegados e impersonales que lo observan todo con plena consciencia, sabiendo que las diferentes formas de todo cuanto existe, sean seres vivos o cualquier otro fenómeno o circunstancia, han sido creados con el mismo ingrediente fundamental: el Ser Supremo.

«La mente es tu pasado. Da muerte a tu pasado y te convertirás, de pronto, en un ser plenamente consciente. El pasado no es otra cosa que desechos sin vida, deshazte de ellos y aprenderás a ser testigo. Cuando das muerte a tu pasado, a tus pensamientos y a tus recuerdos, estarás plenamente en el presente. Cuando vivas de verdad en el presente, serás realmente un testigo. El pasado sólo existe mientras haya pensamientos, cuando se eliminan los pensamientos, el pasado desaparece y consigues habitar en tu propio Ser. El Ser actúa como testigo. El Ser no es una persona, sino la Consciencia Pura, está completamente desapegado de todos los fenómenos. Es el estado de ser el sujeto único, el núcleo de tu existencia.

«Hijos, en este momento lleváis una vida inconsciente. Tal vez os preguntéis: «¿Cómo es posible que yo sea un ser inconsciente? ¿Cómo puede considerar la Madre que yo llevo una vida inconsciente si yo camino, como, respiro y me siento plenamente consciente? ¡Por supuesto que estoy consciente! ¿De qué otro modo podrían explicarse todos estos fenómenos que tienen lugar dentro y fuera de mi?» Podéis utilizar cuantos argumentos deseéis para demostrar que estáis conscientes, pero la verdad es que no lo estáis.

«Hijo, puedes decir que estás completamente despierto porque caminas, comes, respiras y ves. Pero, aunque hagas todo esto, ¿te has parado a pensar cuántas veces al día eres realmente consciente de tus manos y piernas, de tu lengua, de tu boca o de tu respiración? Cuando comes, no eres consciente de tu mano que te alimenta o de la lengua en tu boca, cuando caminas, no eres en absoluto consciente de tus propias piernas. Y cuando respiras, ¿lo haces conscientemente? Cuando miras a tu alrededor y observas con tus ojos toda la belleza y la fealdad que ante ti se presenta, ¿eres consciente de tus propios ojos? Aunque tus ojos estén muy abiertos, ¿tú eres consciente de ellos? No, no lo eres en absoluto. Tú lo haces todo, pero de una manera inconsciente. Actúas inconscientemente y, sin embargo, crees que lo haces conscientemente. Hijo mío, despierta y sé consciente.»

Tras pronunciar estas palabras la Madre guardó silencio y se puso a meditar. Transcurrido un tiempo, abrió los ojos y pidió al Brahmachari Balu que cantara un *kirtan*. Él se puso a cantar...

Nirkkumilapol Nimishamatram

Toda la creación se eleva y se disuelve
en un instante como una burbuja.
No puedes comprender este fenómeno
a menos que desaparezca la mente.

La mente se desvanecerá cuando sepas
que la mente es solo una ilusión.
Tú no puedes comprender a tu mente;
porque está envuelta en oscuridad.

La mente no puede comprender a la mente,
ya que ella oculta su propia naturaleza
Sin embargo la mente seguirá proclamando
que ella es capaz de conocerse.

Al fin llegarás a entender
que la mente no sabe nada, y lo sabrás
si mantienes tu mente firme y serena,
y si realizas austeridades.

Si de verdad has entendido
entonces sabrás
que la mente no existe,
que la mente es no-mente.

Cuando la mente se disuelve,
todo brilla como el Atman,
el Ser Puro.

El poder de ser testigo está en el interior

Cuando acabó la canción, la Madre continuó hablando sobre ser testigo.

«La experiencia de ser testigo sucede a diario en nuestra vida cotidiana, se trata únicamente de ser conscientes de ello. Cuando aparece esa consciencia, cuando paladeas su sabor, su gozo y dicha, estás en el buen camino.

«Suponed que un matrimonio está discutiendo. Se insultan y se faltan al respeto mútuamente, haciendo uso de un gran repertorio de palabras hirientes. Una pareja vecina, al oír los gritos, acude al lugar de la disputa para calmar y aplacar los ánimos. A pesar de todos los esfuerzos, el matrimonio sigue enzarzado en sus disputas. Los vecinos están tranquilos y mantienen la calma, mientras intentan solucionar esta embarazosa situación. Pueden observar desde fuera el problema y, por lo tanto, pueden actuar sobre él. Al final logran apaciguar la disputa.

«¿Cómo pudieron los vecinos permanecer tranquilos y serenos? Porque sólo eran testigos del enfrentamiento, no formaban parte de él. Sus mentes no estaban oscurecidas ni acaloradas como las de la pareja en disputa, estaban mucho más calmados y, en consecuencia, podían ser buenos consejeros.

«Sin embargo, la pareja enfrentada se dejaba arrastrar por una mente turbada y por la energía oscura y negativa que ésta emitía. Se mostraban agitados e inmersos, tanto interna como externamente, en una gran oscuridad. No podían ver nada en absoluto. Al quedar completamente identificados con sus mentes negativas, dejaban de ser testigos de la situación. La otra pareja, por el contrario, estaba en ese momento en paz consigo misma, lo que le permitía tener una mejor visión de la situación. Había en ellos más luz; es decir, no estaban inmersos en la situación, podían permanecer al margen y presenciar el suceso. No estaban ciegos. El velo que producen los agitados pensamientos no estaba presente. Si hubieran intervenido en la disputa, hubiera sucedido lo contrario. Sus vecinos, los que en ese momento estaban peleando, habrían podido quedarse al margen y observar, e incluso ellos mismos podrían haber actuado como consejeros.

«Este ejemplo muestra que el poder de ser testigo existe dentro de cada persona. También explica que ser testigo es posible únicamente si la mente está serena y tranquila, sólo si estás desapegado.

«Si esta capacidad de ser testigo se da en algunos momentos de nuestra vida, ¿por qué no conseguirlo en todo momento y ante cualquier situación? No es difícil alcanzar este estado, pues, de hecho, constituye nuestra verdadera naturaleza.

«En el ejemplo anterior, la mente sigue actuando. Aunque la mente reduzca su actividad, la agitación aparecerá de nuevo. Es muy difícil mantenerse en el estado de testigo, cuando surgen circunstancias difíciles en nuestras vidas.

«Hay psicoterapeutas, consejeros y sanadores en todo el mundo, que intentan curar los problemas mentales y físicos de la gente. Pueden ser expertos en sus campos y buenos profesionales, pero están apegados a su trabajo, además de a otras muchas cosas. Uno no puede alcanzar el estado de testigo si vive apegado. Una persona con muchos apegos no puede realmente ayudar a los demás. Sólo una persona que ha logrado mantenerse en el estado de testigo, que está establecido en el Ser, en el verdadero Centro, puede ayudar a los demás. Los expertos analizan los problemas que sus pacientes arrastran desde el pasado. Sugieren ciertos métodos que les permitan superar su depresión y ansiedad. Todo va bien, mientras sea otro el que necesita la ayuda de un terapeuta. Hasta cierto punto, el terapeuta puede ayudar a los demás. Pero ¿qué pasa si acaece algún trastorno en su propia vida? Entonces todo se derrumba. El terapeuta no puede aplicarse a sí mismo los métodos que aplica a sus pacientes. Tampoco le es posible aconsejar a nadie de forma efectiva, cuando algo va mal en su propia vida, se vuelve inútil. ¿Por qué?, porque mientras sea otro el que necesite su ayuda, el terapeuta puede permanecer al margen y observar, hasta cierto punto, el problema. Su mente está comparativamente más clara que la de sus pacientes, no está implicado en el problema que observa, por lo que puede sugerir algunos métodos útiles. Sin embargo, cuando el problema acontece en la vida del terapeuta, su mente exterioriza todas sus tendencias negativas. Ya no puede ser un testigo neutro, porque él mismo está enmarañado en el problema y completamente identificado con él.

«¿De qué sirven todos nuestros métodos si no pueden aplicarse a nuestras vidas? Y si no nos sirven a nosotros mismos, ¿cómo se puede pretender que funcionen de forma efectiva en los demás?

«Hijos, establecerse en *sakshi bhava* es el verdadero propósito de la vida. Ese supremo estado de ser testigos es el eje en torno al cual gira toda la vida y todo el universo. Puedes trabajar, usar tu mente y tu intelecto; puedes habitar una casa y tener una familia; puedes adquirir muchas responsabilidades familiares y tener que cumplir muchos deberes profesionales, pero sólo cuando te estableces en *sakshi bhava*, en el verdadero Centro, puedes hacer cualquier cosa sin moverte un ápice de ese centro.

«Permanecer en el estado de *sakshi bhava* no significa estar ocioso sin apenas ocuparte de tus obligaciones. Puedes controlar los estudios de tus hijos, la salud de tus padres y la de tu familia. Y aunque te acontezcan problemas externos, tú sigues siendo un *sakshi*, un testigo de lo que sucede y de lo que estás haciendo. En tu interior permaneces tranquilo y sereno.

«Cuando un actor interpreta un personaje malévolo en una película, puede verse cómo dispara a un enemigo, cómo se enfada, si es cruel o traicionero. Pero en su interior, ¿realmente se enfada, es acaso cruel? ¿Está realizando de verdad todos esos actos? No, no lo está. Es sólo un testigo de todo lo que hace. Está al margen y observa sin implicarse o verse afectado por ello, no se identifica con las expresiones externas de su cuerpo. De igual manera, el que se ha establecido en *sakshi bhava* permanece imperturbable y sereno en su interior, ante cualquier circunstancia»

Pregunta: «Amma, acabas de decir que una persona establecida en el supremo estado de *sakshi bhava* se mantiene serena e imperturbable en todas las circunstancias, ya sean positivas o negativas. Sin embargo, también reconoces que exteriormente puede comportarse como cualquier otra persona. ¿No te parece algo contradictorio?»

Amma: Un *sakshi* puede elegir. Puede expresar emociones si lo desea, o bien puede permanecer impasible. No obstante, esas personas, aun cuando externamente puedan manifestar sentimientos comunes, también poseen un encanto y una belleza incomparables. Están rodeados de un carisma natural. Aunque manifiesten determinados sentimientos; sin embargo, pueden pasar de un sentimiento a otro siempre que lo deseen. Si deciden permanecer serenos, tranquilos y desapegados, pueden hacerlo con facilidad. Si desean manifestar cualquier otro tipo de sentimiento, como amor y compasión en grado sumo, con todo su ser, eso también les es posible.»

La Madre continuó explicando: «Cuando alcanzas la realización, si deseas aparentar exteriormente que estás afectado por alguna persona, experiencia o situación, sólo tienes que dejar que suceda. Tú permites que suceda de un modo u otro, ya que tú controlas tu mente, y ésta no actuará, ni reaccionará, ante cualquier suceso, sin contar previamente con tu permiso. Si quieres permanecer sereno y desapegado como un *sakshi*, puedes hacerlo. Pero si quieres dar ejemplo de renuncia, sacrificio y amor desinteresado, también puedes manifestar esos ideales. Cuando te veas sometido a un dolor o sufrimiento extremo, quizás mucho más que cualquier otro ser humano corriente, aún entonces permanecerás interiormente inalterado.

«Imagina que quieres expresar una profunda condolencia y aflicción frente a alguien. Sabes que si lo haces, se producirá una gran transformación en la vida de esa persona. Por ese motivo permites que se manifieste el sentimiento de tristeza, pero tú sólo eres un testigo de tal manifestación. Tan pronto muestres ese sentimiento de dolor, la persona que está frente a ti se sentirá agradecida porque compartes esos sentimientos. Tu amor profundo y tu preocupación causan un gran efecto sobre ella, porque cuando manifiestas un sentimiento lo haces convencido, lo expresas completamente. No puedes manifestarlo parcialmente, ya que todo tu ser está implicado. De manera semejante puedes manifestar en todo momento cualquier estado de ánimo ya sea positivo o negativo. Los demás lo sentirán profundamente en sus corazones y quedarán conmovidos. Invariablemente causará en ellos el impacto que se pretendía. Sin embargo, el *Mahatma* sólo es un testigo de ese estado de ánimo que se está manifestando a través de él.

«Si lo desea el *Mahatma*, podrá expresar ira, ansiedad, temor o entusiasmo. Pero se tratará tan solo de una apariencia externa, ya que su mente siempre permanece serena y tranquila. Para él, equivale a ponerse una máscara. El *Mahatma* utiliza diferentes máscaras, ya sea de ira, felicidad, dolor o temor, pero siempre lo guía un determinado propósito. Y una vez conseguido su propósito, retira su máscara. Nunca se identifica con ella porque sabe que es un mero recubrimiento, y no es él mismo.

«Nuestro problema es que nos identificamos fácilmente con todas las actitudes de la mente. Cuando estamos muy enfadados nos *convertimos* en la ira misma. Ocurre lo mismo con el temor, el entusiasmo, la ansiedad, el dolor y la felicidad. Nos hacemos uno con cualquier emoción, ya sea positiva o negativa. Nos identificamos con nuestras máscaras.

«Cuando estás en un estado de ánimo negativo puedes sentir ira, y cuando estás relajado, puedes sentirte lleno de paz y amor hacia los demás. En realidad tú no deberías identificarte con esos estados de ánimo, pues son transitorios. Imagina que tienes una casa y una familia, y también un hermoso perro y un gato. Si alguien te preguntara, «¿De quién es esta casa?» ¿Qué responderías?: «Es mi casa.» Y dirías lo mismo respecto a tu coche, tu familia, tu gato y tu perro. Todos ellos son tuyos. Sin embargo, tú no eres ni podrías identificarte con ninguna de tus pertenencias. Ellas son diferentes a ti. La casa es tuya, pero tú no eres la casa. Tu cuerpo es tuyo, pero tú no eres el cuerpo. Lo mismo sucede con tu mente, tus pensamientos, tus sentimientos y tu intelecto. Son tuyos, pero tú no formas parte de ellos. Eres el vidente que ve a través de los ojos, eres el observador que percibe las emociones, eres el pensador detrás de los pensamientos; eres el que siente, piensa, ve, oye y gusta. Eres el sujeto experimentador. Una vez que te conviertes en el sujeto que se sitúa detrás de todas las cosas, desaparecen todas las diferencias y lo trasciendes todo.

«Mientras no adquieras conciencia de que eres el poder que rige el universo entero, de que tú eres la fuerza misma de la vida y la totalidad de la energía existente, hasta tanto no lo logres, seguirás identificándote con tu mente, con sus diferentes pensamientos y sentimientos. Creerás y dirás, «Soy esto y lo otro. Estoy enfadado, sediento, hambriento, etc.» Te identificarás con todo lo que te es ajeno y externo, no con tu ser interior. Una vez que te reconoces en tu ser interior, dejan de tener existencia los límites espaciales. Dentro y fuera carecen de valor, ya que has logrado trascenderlos.

«Durante toda Su vida, desde el nacimiento hasta el final de Su encarnación en la tierra, el Señor Krishna permaneció como testigo puro de todo lo que ocurrió en Su vida. Nunca Le abandonó la sonrisa en Su rostro, ya estuviera en medio del campo de batalla o enfrentándose a otros desafíos que le deparaba la vida. Permaneció siempre perfectamente sereno, con una sonrisa fascinante en Su rostro. Incluso cuando Dwaraka, Su morada, fue engullida por el mar, o cuando el cazador lanzó la fatal flecha que puso fin a Su forma mortal, Sri Krishna mostró la misma sonrisa benigna en Su semblante, porque nunca abandonó su estado de *sakshi bhava*. Fue un testigo constante de todo lo que ocurría en Su vida. Nunca se identificó con lo externo, siempre permaneció como el Yo Supremo».

Tras estas palabras, la Madre guardó silencio. De pronto, se encontró en otro mundo. De vez en cuando estallaba en oleadas de risa dichosa. Al cabo de un rato empezó a hacer círculos en el aire con Su dedo derecho. Abrió Sus ojos y pidió que los brahmacharis cantaran una canción. Ellos cantaron:

Parisuddha Snehattin

Tu Nombre
es el nombre del Puro Amor
Tú eres el reflejo de la Verdad Eterna
Tú eres la fresca brisa de paz
aquella que consuela mi corazón.

Tu generosidad es infinita
cuando cumples los deseos
de aquellos que se acercan a Ti
en busca de placeres mundanos.

Tú derramas
el néctar del Conocimiento
sobre aquellos que se rinden a Tus Pies
Tú eres la morada de paz y amor
que atrae a las almas.

Tú difundes el mensaje
de hermandad
por todo el universo,
y cantas la canción
de la eterna libertad.

Tú eres la que nos inspiras
la que nos lleva hacia la tierra
de la absoluta libertad.
Tú has encendido la lámpara del Amor
y constantemente nos guías
hacia el conocimiento de la Verdad Eterna.

En tus Pies de Loto
yo coloco una flor
desde lo más recóndito de mi corazón,
suplicándote que me concedas
el don de una devoción sin fisuras
y una práctica constante
para que pueda lograr
la dicha suprema del Ser.

La Madre, la sarvasakshi

La Madre es un ejemplo vivo del estado supremo de *sakshi bhava.* Basta con observar Su vida atentamente para comprobar que Ella permanece constantemente en ese estado. Toda Su vida constituye un claro ejemplo. Durante Su infancia tuvo que someterse a duras pruebas y pasar por todo tipo de tribulaciones. Al vivir rodeada de personas que no comprendían Su verdadera naturaleza, tuvo que ser inmensamente paciente y desapegada para poder cumplir Su propósito. Se mantuvo firme e inconmovible, como los Himalayas, ante las tremendas dificultades a las que tuvo que hacer frente.

En el Bhagavad Gita se nos dice:

A Brahman o al Atman no se le puede herir o quemar, ni tan siquiera mojar o secar. Es eterno, omnipresente, firme, inmóvil e imperecedero.

Capítulo2, versículo 24.

Nada ni nadie, pues, podía afectarle a la Madre. Nunca perdía el ánimo ni se afligía, tampoco le preocupaba el futuro. Tranquila y animosa, supo hacer frente con una sonrisa a todas las situaciones difíciles de la vida, dispuesta siempre a aceptar lo que se le presentase. Una persona normal se hubiera derrumbado, perdiendo su autoestima, y no hubiera sido capaz de soportar el interminable sufrimiento al que Ella fue sometida.

A pesar de circunstancias tan adversas y de no tener ningún tipo de apoyo, ni siquiera el de Su propia familia, la Madre fue capaz de crear por sí misma una gran organización espiritual.

Nació en una pobre aldea en el seno de una comunidad de pescadores. No se le dispensó educación alguna ni dispuso de dinero. Y, sin embargo, ¡a qué inimaginables alturas ha llegado! ¿Cómo puede explicarse este fenómeno?

Alguien le preguntó recientemente a la Madre, «¿Qué piensas de la enorme transformación que ha tenido lugar en Tu Ashram y en la organización? Hubo un tiempo en el que la gente pretendía herirte y ponerte toda clase de obstáculos. Sin embargo, ahora se Te reconoce y se Te adora en todo el mundo. ¿Qué sientes a este respecto?»

La Madre contestó sonriente, «Amma no siente ninguna diferencia. Amma es siempre la misma. En aquel tiempo, cuando existía lo que llamáis dificultades, vivía dentro de mi Ser, y ahora cuando ha llegado lo que llamáis reconocimiento y fama sigo viviendo dentro de mi Ser.»

Sí, la Madre es siempre la misma. Su amor y compasión nunca oscilan. No hay diferencia alguna, e incluso puede llegar a ser juguetona e infantil cuando se lo propone. Puede desprenderse de este mundo y habitar en Su propio plano de consciencia, según Su voluntad. Puede permanecer completamente desapegada y dejar de comer y de dormir tanto tiempo como lo desee. El mundo no le afecta lo más mínimo.

Algunos aldeanos ignorantes amenazaron varias veces Su vida. La insultaban y divulgaban falsos rumores en torno a Ella. En una ocasión, Su propio hermano mayor, Subhagan, junto con uno de Sus primos, pretendieron matarla y hasta intentaron acuchillarla. Pero aun entonces, Ella les sonreía y les decía: «No tengo miedo a la muerte. Podéis matar este cuerpo pero el Ser es inmortal, indestructible. No podéis matar al Ser.»

Entonces ella se sentó en completa calma y tranquilidad. Pero ellos no pudieron causarle daño alguno, pues carecían de poder. Este es el poder del Ser (Atman). Y sólo es posible encontrarlo en una persona que esté establecida en *sakshi bhava*, observándolo todo mientras habita en el supremo estado de la consciencia de ser testigo.

El infinito poder del Ser

La Madre afirmó en cierta ocasión: «Una vez que te estableces en el estado de no-mente, nadie puede dañarte, salvo que conscientemente lo permitas. Podéis provocar que suceda algún acontecimiento o que éste no tenga lugar. Tanto si sucede como si no, permanecéis como testigos imperturbables e inalterables, establecidos siempre en el estado de total desapego. Imaginad que alguien deseara dañaros o, incluso, quitaros la vida; no podría levantar un dedo contra vosotros, si no se lo permitís. Mientras vuestra *sankalpa* (decisión) no esté actuando, nada de lo que se propongan podría afectaros. De alguna manera misteriosa siempre fracasarían. Es probable que piensen que algún poder divino os está protegiendo, y sin embargo, ese poder no es otro que el infinito poder del Ser. No procede del exterior, pues la fuente de este poder mana dentro de vosotros. Cuando carecéis de ego, lo sois todo, os convertís en ese poder infinito; el universo entero está con un Ser iluminado. Tanto los animales, árboles, montañas y ríos, como el sol, la luna y las estrellas se alínean con un alma Realizada, ya que en ese estado carecéis de ego. Cuando os inclináis con suprema humildad ante toda existencia, el universo (la existencia) también se inclina ante vosotros y os sirve. Pero recordad que también podéis ordenarles que se vuelvan contra vosotros, ya que en ambos casos no estáis implicados.

«Cuando la mente y el ego desaparecen, lográis la unidad con toda la existencia. El universo, con todos sus seres, se convierte en vuestro aliado. Ningún ser vivo os considerará como un enemigo. Incluso un enemigo puede convertirse en vuestro mejor aliado, y ser uno con vosotros, pues él es vuestro propio Ser, aunque él o ella no tengan consciencia de esta verdad. Si, interiormente, vosotros sois uno con vuestro adversario, entonces ¿cómo puede ser él enemigo vuestro? ¿Cómo podría haceros daño, consciente o inconsciente, aquello que de hecho existe dentro de vosotros, formando parte de vuestro Ser? Es imposible. Nada puede ocurriros una vez que lográis deshaceros de vuestro ego, salvo que deseéis que suceda.

«El rey de Mewar quería matar a Mira Baï. Le envió una copa de veneno diciéndole que era una bebida especialmente preparada para ella. Acompañó su envío con una hermosa carta repleta de dulces palabras, en la que se disculpaba por toda la crueldad que anteriormente le había causado.

«A pesar de que Mira sabía que en la copa había veneno, la aceptó y bebió de ella. Sin embargo, no ocurrió nada. El Rey procuró nuevamente matarla, utilizando otras tretas, pero todos sus intentos fueron vanos. En cuanto a Mira, ésta permaneció siempre dichosa e inalterada. ¿Cómo fue posible? Porque carecía de ego, estaba más allá de la mente.

«Para Mira Baï, todo era su «Giridhar», su amado Señor Krishna. No tenía deseos porque no quería nada para ella. Ni siquiera le importaba si Krishna la amaba o no, tan solo pretendía amarlo sin pedir nada a cambio. Para Mira Baï todo era Krishna. «¡Oh Señor!, ¡Tú y sólo Tú!» No existía el «yo» en absoluto, ni ninguna clase de protagonismo. Su Señor Krishna lo hacía todo por ella, ya fuera bueno o malo. Ocurriese lo que ocurriese, ella nunca se quejaba, aceptaba todo lo que le llegase como si se tratara de Su *prasad.* Al entregarse a Krishna, Mira Baï se rendía a toda la existencia. Para Mira Baï, Krishna no era una persona limitada que solo pudiera ser percibida de una determinada manera. Consideraba el universo entero como Krishna. Ella misma, al fundirse con toda la creación, se había integrado en la energía de Krishna. No poseía consciencia de su propio cuerpo, y si careces de cuerpo, ¿cómo pueden matarte? Toda la creación está a tu lado, protegiéndote. ¿Cómo podría, entonces, afectarte algún veneno? ¿Cómo podría dañarte una parte de la creación? Sólo podría afectarte si tu accedes a ello. Si tu dices que sí, te afectará. Si tú dices que no, dará la vuelta y se alejará. Cuando alcances ese estado supremo, nada te sucederá, ya torturen o destruyan tu cuerpo, porque tú no eres el cuerpo, tú eres el Ser.

«Todo el universo es tu cuerpo. Cada parte de la creación es parte de tu cuerpo universal. Cuando todo es uno, ¿cómo puede una parte hacer daño al conjunto? ¿Cómo puede la mano dañar conscientemente al ojo? Pueden tener distinta forma y distintas funciones, pero están unidos a un mismo cuerpo.

«Cuando alcanzas tu identidad con el Ser la creación entera se convierte en tu fiel servidor. Cualquier elemento de la Naturaleza acepta complacido tus órdenes. Cuando recibes el apoyo pleno de toda la Naturaleza, ¿cómo puede algo volverse en tu contra, a menos que le otorgues tu consentimiento? La naturaleza hará lo que le ordenes. Si le pides que no lo haga, nada sucederá. Cuando te sitúas en un adecuado estado mental, nada ni nadie puede dañarte. La realización del Ser es el estado perfecto de la existencia».

Estas palabras nos traen a la memoria un episodio que aconteció en la vida de la Madre. En cierta ocasión, la Madre colocó Sus manos en el hocico de un perro rabioso. El perro había sido uno de sus primeros compañeros en la época en la que Ella vivía a la intemperie. La Madre amaba mucho a este perro, por lo que no aceptó que lo encadenaran a un árbol. Se dirigió hasta él y le expresó Su amor, abrazándolo y besando su cara. Trató de alimentarlo, metiendo Su mano en el hocico. Los que se hallaban casualmente en el lugar, observando lo que ocurría, se quedaron estupefactos, ya que la mano de la Madre estaba bañada de la saliva contagiosa del perro. Todos estaban profundamente preocupados. Sugirieron a la Madre que se inyectara una vacuna antirrábica, como medida preventiva, pero Ella sólo sonrió y replicó: «No pasará nada. No os preocupéis». Y, por supuesto, no sucedió nada.

La Madre dice «Cuando alcanzas la Realización, te conviertes en la Mente cósmica. Todas las mentes te pertenecen. Te transformas en el controlador único de todas las mentes, no sólo de las mentes humanas, sino también de la Mente cósmica en su totalidad. Esto significa que sostenéis en vuestras manos las riendas de todas y cada una de las mentes. Os habéis convertido en todos. Sus cuerpos pueden ser distintos, pero vosotros moráis en cada uno de esos cuerpos. Vuestros antagonistas no son otros, sino vosotros mismos, vuestro yo en otra envoltura. Al igual que los caramelos de idéntico sabor, pero de distintas envolturas. Éstos pueden ser de múltiples colores: azules, verdes, rojas o amarillas. Los caramelos podrían pensar: «Yo soy azul, yo soy verde», etc. Pero, en definitiva, ¿qué es lo que hay dentro? Los mismos caramelos con el idéntico sabor, hechos con los mismos ingredientes».

La Madre dijo en cierta ocasión: «Todos vuestros pensamientos y acciones pasan a través de Amma».

Infinitos son los caminos de un *Mahatma*. Sólo podemos ver lo que percibimos exteriormente. El *Mahatma* sigue siendo un misterio para nosotros - un fenómeno desconocido - que sólo puede ser desvelado cuando llegamos a conocer nuestro propio Ser. Nos damos cuenta de nuestras limitaciones cuando estamos en presencia de un *Mahatma*, cuyas infinitas dimensiones, ilimitado amor y compasión nos ayudan a sentirnos humildes. Sólo entonces aceptamos nuestra propia y total insignificancia. Precisamente, es este sentimiento de insignificancia y humildad el que nos ayudará a alcanzar el estado de plenitud perfecta, la experiencia de que «Yo soy todo».

Capítulo 4

Se estaban construyendo unas cuantas cabañas adicionales para los brahmacharis del Ashram. Al atardecer, después del canto de *bhajans,* la Madre quería que todos fueran a la orilla y acarreasen arena para rellenar los cimientos de las nuevas cabañas. Tan pronto lo comunicó, todos acudieron a la orilla con cestas y palas. La Madre iba a la cabeza y enseguida todo el grupo llegó a la playa.

La noche era oscura y fresca. El mar estaba embravecido. De la oscura masa de agua se levantaban gigantescas olas que chocaban contra la orilla, produciendo un profundo y vibrante sonido, que invadía la noche. La visión de este vasto océano en la oscuridad de la noche inspiraba respeto, pero igualmente un sentimiento de inmensa paz interior. En la mente de todos los presentes se percibía una curiosa sensación de apertura y una profunda consciencia.

El *seva* (trabajo) de acarrear arena empezó con gran entusiasmo. La Madre también participaba activamente. A veces usaba una pala para llenar sacos de arena, otras veces llevaba el saco de arena sobre Sus hombros durante todo el camino, desde la playa hasta el Ashram. Aún cuando los residentes se empeñaran en impedirle que realizara este trabajo, la Madre no se rendía a sus súplicas. El *seva* de acarrear arena continuó durante casi dos horas. Cuando dieron las once, la Madre se sentó junto al océano rodeada de los residentes y de algunos devotos.

La Madre distribuyó fritos salados de plátano y café caliente entre todos los que habían estado trabajando. Uno por uno, los bramacharis y brahmacharinis se acercaron a la Madre para recibir su parte. Mientras Ella distribuía los fritos y el café, a un brahmachari que estaba en la fila le dijo: «No, tú no has trabajado, así que no recibirás ningún *prasad.* Es sólo para los que han estado trabajando duro en las dos últimas horas».

Cuando el brahmachari salió de la fila sin decir palabra, el maternal afecto de la Madre se desbordó y lo llamó de nuevo, diciendo: «Está bien, hijo. No te pongas triste. Lleva sólo un saco de arena al Ashram y Amma te dará un poco de *prasad* cuando vuelvas.»

El brahmachari obedeció. Mientras llevaba el saco de arena al Ashram, la Madre dijo, «Tiene que llevar un saco porque Amma no quiere ser injusta con los que han estado trabajando abnegadamente. La relajación sólo es buena después del esfuerzo».

La mente es una gran mentira

Mientras todos disfrutaban del *prasad* de la Madre, uno de los brahmacharis preguntó: «Amma, ayer cuando hablabas acerca del *sakshi bhava* dijiste que la mente es irreal. También he leído que el mundo es irreal. ¿Cuál de las dos afirmaciones es la correcta?»

Amma: «Hijo, las dos afirmaciones son correctas. La mente es una gran mentira, y el mundo es una proyección de esa mentira, ambos son irreales; el mundo existe sólo porque existe la mente. La mente es la responsable de todos tus problemas, crea dudas y te hace sufrir; es la causante de tu ira, odio y envidia; te impulsa a actuar indiscriminadamente e, incluso, a hacer el mal. Te conduce inevitablemente a un estado de desdicha. La mente es el infierno, es *maya* (ilusión) y mentira. Mientras tengas mente, tu existencia seguirá siendo irreal, sólo la eliminación de la mente te permitirá volver a la verdad y a la realidad.

«El ego es un producto de la mente, por tanto, es también una mentira. Es irreal. Tu existencia será plena y perfecta únicamente cuando te desembaraces de la mente y del ego».

Pregunta: «Amma, dices que tanto la mente como el ego son irreales, que el mundo de los fenómenos es sólo una proyección de la mente, que nuestra verdadera naturaleza es el Atman Supremo, o el Ser. Todas estas explicaciones no son fáciles de entender, a menos que lo expliques de una manera más clara».

Amma: «Hijo, ante todo debes saber que esto no puede explicarse con palabras. No importa cuántas pruebas y ejemplos pueda darte la Madre, pues seguirás haciendo las mismas preguntas hasta tanto no experimentes tú mismo la verdad. El hecho de que la mente y el mundo sean irreales es algo que tienes que comprobarlo por ti mismo. Practica *tapas* (austeridades) y llegarás a saberlo.

«Hijos, sabed que la mente es el mayor misterio que existe. Pero la Consciencia Pura o el Ser, no es ningún misterio. Una vez que lo conozcáis os daréis cuenta de que no constituye misterio alguno: es vuestra esencia, vuestra propia y verdadera naturaleza. Está más cerca de lo que imagináis. La mente lo convierte en un misterio. La mente es confusión, y lo complica todo.

«Vosotros no sois la mente. Sois el Ser (Atman). Nacéis dentro de esa consciencia. Crecéis en ella, vivís en ella y moriréis dentro de esa consciencia. Y, sin embargo, apenas sois conscientes de esta gran verdad. ¿Por qué? A causa de la mente y del mundo creado por ella. La mente imposibilita conocer al Ser. La mente os mata; disipa toda vuestra energía y toda vuestra vitalidad. La mente posee una gran debilidad, por lo tanto, tratad de escapar de esa irrealidad. Salid de esa gran mentira, salid de la mente, del ego.

«Hijos, siempre solicitáis pruebas y explicaciones, pero es algo que no puede demostrarse. Se puede probar un resultado científico, se puede demostrar aquello que es percibido por los sentidos. Sin embargo, el Atman está más allá de la ciencia o de cualquier percepción de los sentidos. No se puede probar empíricamente, se experimenta en vuestro interior. Pero no olvidéis que es la mente la que constantemente demanda pruebas. Esa mente irreal ¡es la que exige que se demuestre la realidad! La fuente misma de vuestras dudas y preguntas es irreal en sí misma. Todas vuestras dudas y temores provienen de esa gran mentira que es la mente.

«Os lo voy a explicar a través de una historia. Su protagonista es un luchador famoso, al que nadie podía ganarle. Era invencible. Durante varios años fue campeón de su país. Al ser considerado el hombre más fuerte del país, se volvió orgulloso y arrogante. Un día un luchador de otra ciudad vino a desafiarle. Él aceptó el reto y se fijó una fecha para el combate. Se proclamó a los cuatro vientos la próxima celebración de este gran combate. Cuando llegó el día decisivo, los luchadores aparecieron en el estadio. Nuestro orgulloso luchador, el campeón del país, estaba convencido de su victoria. Comparado con su oponente era el más fuerte, poseía una estupenda constitución y muchos años de experiencia. Tan pronto se inició la pelea, el público empezó a animar a ambos contendientes: gritaban, silbaban y hacían todo tipo de gestos. Algunos animaban al campeón mientras otros a su oponente. La pelea continuó durante algún tiempo, resultaba difícil saber quién ganaría. Pero al final, el luchador visitante venció con gran contundencia a nuestro campeón. Por tanto, fue declarado nuevo campeón del año el luchador que había lanzado el desafío. Los espectadores gritaban: «¡Viva el nuevo campeón!» y al mismo tiempo se mofaban del luchador vencido,le insultaban y se reían de él con gran ironía. Finalmente éste logró levantarse de la lona, alejándose cabizbajo y aturdido. Incluso, después de haber abandonado el estadio, seguía escuchando el eco de las burlas resonando en sus oídos. Tenía el corazón lleno de odio y su mente completamente agitada. De repente en ese preciso momento, se despertó.

«¡Sí, sólo ha sido un sueño! Sin embargo, nuestro campeón seguía sumamente inquieto. Su paz mental estaba alterada y caminaba de un lado a otro de la habitación, al igual que un león enjaulado. Su mente estaba repleta de pensamientos vengativos. Hasta tal punto se identificó con su sueño, que su único pensamiento consistía en trazar un método que le permitiera vencer al contrincante de su sueño. Continuamente exclamaba: «¡Dios mío! ¡Lo he perdido todo!, incluso mi reputación. ¿Cómo podré presentarme ante mi público? A partir de ahora, ya nadie me respetará. ¿Cómo podré aguantar sus insultos? Prefiero morir antes que soportar esta situación. Me vengaré de ese idiota». Estos y otros pensamientos parecidos brotaban continuamente en su mente. Cavilando y cavilando, y cada vez más vengativo, el orgulloso luchador caminaba de aquí para allá como enloquecido. Pero cuanto más se agitaba, más anhelaba salir de ese estado mental. Finalmente decidió tomar un respiro y procuró relajarse. Y funcionó. A medida que su mente se calmaba, sus pensamientos iban desapareciendo poco a poco, y pronto se dio cuenta de lo necio que había sido. Pensó: «¡Dios mío! ¿Qué me ha ocurrido? ¡Qué tonto soy!. ¡Sólo fue un sueño! No fue en absoluto real, todo fue una creación de mi propia mente. Me he asustado e inquietado por algo que nunca ocurrió».

«Hijos, comprobad cómo el campeón se dejó engañar por su propia mente. Se identificó totalmente con el sueño y llegó a creer que todo lo ocurrido en él había sido real. ¿De dónde había surgido el otro contrincante o la gente, con su gran griterío y sus insultos? ¿Quién creó las distintas técnicas que los dos contendientes se aplicaron mútuamente? ¿Quién creó el estadio, la derrota de nuestro campeón, su vergüenza, la ira y el deseo de venganza? Todo había sido creado por la mente. Por supuesto que no era real, pero aún así, el luchador se lo creyó y actuó en consecuencia. Mientras estuvo identificado con el mundo de los sueños, el mundo creado por su propia mente, tuvo que sufrir. Pero cuando se dio cuenta de que su sueño no era real, se liberó de su obsesión y encontró de nuevo la paz.

«De manera semejante todos nosotros nos identificamos con un sueño. El luchador se identificó con un simple sueño. Cuando logró despertar, el mundo del sueño se desvaneció e, igualmente, su identificación con el sueño también desapareció, tan pronto consiguió calmarse. En cuanto a nosotros, estamos identificados con un sueño mucho más extenso. Es un sueño que la mente proyecta basándose en nuestros pensamientos y experiencias pasadas. En nuestro estado actual, creemos que el sueño es real, vivimos en un sueño creado por la mente y nos identificamos con él. Aún no ha tenido lugar el despertar.

«Tú pides una explicación más clara. Pero, ¿cómo puedo mostrártelo más claro, mientras sigas soñando? El sueño desaparecerá cuando despiertes y sólo entonces conseguirás clarificarlo todo. Hijos, todos estáis soñando y creéis que el sueño es real. No es la abundancia de explicaciones lo que os lo hará ver más claro. Mientras no despertéis y sigáis identificados con el sueño, todo seguirá siendo confuso. Despertad y os daréis cuenta de que sólo estabais soñando. Entonces todo os resultará absolutamente claro.

Los dos poderes de la mente

«La mente tiene dos poderes: el de ocultar y el de proyectar. Primero, la mente oculta la verdadera naturaleza de un fenómeno, y después lo interpreta erróneamente. Por eso Amma dice que la mente es una mentirosa. Encubre la verdad y hace que la confundamos con algo distinto.

«Un hombre caminaba solo por el sendero de una aldea. Estaba oscureciendo y se esforzaba por encontrar el camino a través de una tenue luz. De pronto sintió que algo le había golpeado el pie. Palpó con su mano la zona y descubrió una pequeña herida, de la que brotaba sangre. Miró a su alrededor y, de repente, se quedó pasmado. Muy cerca de él observó una serpiente enroscada en un arbusto. Al instante, pensó «Me habrá mordido la serpiente». En un ataque de pánico, el hombre gritó con todas sus fuerzas, «¡Socorro! ¡Me ha mordido una serpiente venenosa! ¡Voy a morir!

¡Por favor, que venga alguien! ¡Llévenme a un médico!» El hombre estaba histérico. Gritó y gritó. Empezó a sentirse sumamente cansado y, al mismo tiempo, la cabeza le empezaba a dar vueltas, como si estuviera a punto de desmayarse. Se sentó en el suelo y siguió pidiendo socorro. Pocos minutos después apareció un hombre en la oscuridad, portando una antorcha. «¿Qué ocurre? ¿Qué ha pasado?», le preguntó. «Me ha mordido una serpiente venenosa. Me estoy muriendo. ¿Puede llevarme a un médico?» «No se preocupe. Claro que voy a ayudarle. Pero, ¿dónde ocurrió exactamente?» preguntó el desconocido. «Aquí mismo, en este lugar», contestó el hombre. «Mire en ese arbusto. ¡Ahí hay una serpiente!» El desconocido se volvió hacia el arbusto con la antorcha y, ¿qué es lo que vio? Un arbusto espinoso con un trozo de cuerda enrollada en él. Entonces el desconocido le dijo: «¡Mire bien qué es lo que hay! Es un arbusto espinoso. Una espina debe habérsele clavado en el pie. Lo desafortunado para usted es que al mismo tiempo que ha visto la cuerda la ha confundido con una serpiente, a causa de la poca luz. De ahí que estuviese convencido de que le había mordido una serpiente. Pero ahora que ya sabe la verdad, cálmese». Cuando el hombre se percató de la verdad, desaparecieron todos los síntomas de cansancio y mareo, por lo que empezó a tranquilizarse.

«Así es como la mente nos juega malas pasadas. En el ejemplo anterior, la mente oculta primero la realidad de la cuerda, después proyecta en ella a la serpiente. La serpiente es nuestro pasado. Es la actividad habitual de la mente. La mente corre un velo sobre el Atman, la única Realidad, y en su lugar proyecta el mundo de la pluralidad. El Atman (El Ser) queda oculto mientras nuestros pensamientos se proyectan en *f*l. Este engaño de la mente sigue interminablemente. La ilusión puede eliminarse sólo cuando un verdadero Maestro te trae la luz del verdadero conocimiento. Entonces te darás cuenta de la verdad y alcanzarás la paz. Es el verdadero despertar. Hasta que llegue ese momento, la Verdad seguirá oscurecida».

Despertad y sabréis

Tras una pequeña pausa, el brahmachari Venu formuló la siguiente pregunta: «Amma, el despertar del que hablas y el estado de *sakshi bhava,* ¿son una misma y única cosa, o acaso son distintas?»

«Hijo, son lo mismo. Tanto el despertar como el estado de *sakshi bhava* requieren permanecer conscientes. La verdadera espiritualidad significa estar plenamente conscientes. La mayor parte de la gente no es consciente. Viven inmersos en un mundo de inconsciencia porque se les ha enseñando a vivir así.

«Un niño nace con consciencia pura, pero la sociedad le enseña a ser inconsciente. La gente que rodea al niño, padres, hermanos, amigos y la sociedad entera, le enseñan la adquisición de diversos hábitos. Lo educan de acuerdo con unas pautas sociales, en una determinada religión, una cierta cultura, idioma, alimentación y costumbres. Todo lo que le rodea le condiciona, se torna falto de lucidez y llega a olvidar su verdadera naturaleza. Le enseñan de todo, salvo cómo morar simplemente en su verdadera naturaleza. Por consiguiente, el niño se vuelve inconsciente a medida que crece, y adquiere una mente condicionada por todas las ideas y hábitos que le han impuesto. De este modo, pierde su pureza e inocencia, sin que nadie le enseñe a estar sereno.

«Para ser consciente se precisa estar tranquilo. La relajación no puede lograrse hasta que aprendas a romper las cadenas de la mente. Los antiguos santos y videntes nos han enseñado, a través del ejemplo de sus vidas, la técnica para disolver la mente, los pensamientos y todas las ataduras que se crean».

Venu interrumpió y afirmó entusiasmado, «Amma, ¿para qué ir tan lejos? Tú misma nos estás enseñando el camino correcto».

Haciendo caso omiso al comentario, La Madre siguió:

«Aprended a ser lo que queráis en la vida, pero, al mismo tiempo, aprended la técnica de permanecer plenamente conscientes en todas las circunstancias. Una vez dominado este arte, estaréis siempre conscientes y seréis testigos de lo que ocurra a vuestro alrededor sin tener que implicaros en ello.

«Imaginad que dentro de vosotros surge la ira. Sabed que está ahí. Sabed que el pensamiento de ira ha surgido en vosotros. Cuando seáis conscientes de su presencia y podáis verlo con claridad, ¿cómo os podéis dejar enredar en esa clase de sentimiento? La ira es un desastre. Nadie entraría conscientemente en ese estado. Contamina y envenena todo cuanto toca y también a nosotros mismos. Tanto la ira, como los otros estados negativos de la mente son desastrosos, surgen sin que os deis cuenta. Si estáis conscientes, despiertos y en constante alerta, no pueden afectaros ni un ápice. Por lo tanto, cuando surja una emoción en vuestra mente, observadla conscientemente. En la actualidad, todo transcurre sin darnos cuenta, somos arrastrados por nuestros pensamientos y emociones, como si estuviésemos completamente dormidos.

«*Sakshi bhava* puede ser tanto una práctica, como un estado permanente. Cuando permanezcáis arraigados en ese estado lograréis que se convierta en algo espontáneo y natural en vosotros. Sólo seréis testigos si permanecéis despiertos. El mundo de los sueños creado por el pasado no tiene cabida en ese estado. El pasado debe extinguirse y la mente disolverse para que aparezca *sakshi bhava*.

«Hijos, vuestra verdadera naturaleza es como el cielo, no como las nubes. Vuestra naturaleza es como el mar, no como las olas. El cielo, al igual que el mar, son Consciencia Pura. El cielo es simplemente testigo de las nubes, como el mar lo es de las olas. Ni las nubes son el cielo, ni las olas son el mar. Nubes y olas van y vienen. El cielo y el mar permanecen como el substrato de la existencia de las nubes y las olas. Además de inestables y cambiantes, carecen de existencia propia. El Testigo es el substrato, al igual que el cielo y el mar. Todo sucede dentro de ese supremo estado de ser testigo, pero el Testigo permanece sin implicarse. Es puro e intacto.

«De manera semejante, la mente y sus pensamientos van y vienen, son irreales e inconstantes, son efímeros como las nubes del cielo y las olas del mar. No pueden afectar a vuestra consciencia. Más allá de la superficie, vuestra consciencia permanece pura e intacta. Esa Consciencia Pura, que es eternamente consciente de todo cuanto sucede, es el Testigo, el *Sakshi* de todas las cosas.

«Establecerse en *sakshi bhava* supone permanecer siempre consciente. Sólo estando plenamente despiertos, con perfecta consciencia, puede lograrse el estado de *sakshi bhava.*»

Uno de los devotos que se había congregado alrededor de la Madre, le dijo: «En *Lalita Asthottara* (los 108 nombres de la Divina La Madre) se dice que Devi es el Testigo de los tres estados de la mente, a saber: *jagrat* (el estado alerta), *swapna* (el estado de sueño) y *sushupthi* (el sueño profundo). *Jagrat swapna sushupttinam - sakshi bhuttyai namah*». El devoto unió las palmas de sus manos y añadió: «Oh Amma, creemos que Tú eres Lalita Parameswari, el *Sakshi* Supremo, el testigo de los tres estados de la mente». Tras esta declaración, la Madre empezó a cantar:

Uyirayi Oliyayi

¡Oh Diosa Uma!,
Vida, Luz y Fuerza
de la Tierra,
¿Dónde estás?
¡Oh Gran Sabia¡
Tú que eres viento, mar y fuego,
¿acaso no vas a apiadarte de mí?

Tú eres la Verdad oculta.
En Tu ausencia,
se ha alejado
toda la sabiduría del mundo
los renacimientos siguen interminables,
lo irreal se ha transformado en real,
y la injusticia es cada vez mayor.

El mono que habita nuestra mente
vaga de un lado a otro, sin parar,
mostrando su orgullosa vanidad.
Al no ser consciente de su esencia
se transforma en pasto
destinado al Dios de la Muerte.

Cuando terminó la canción, la Madre se quedó profundamente absorta en meditación. Estaba completamente inmóvil, inmersa en Su natural estado, en el Más Allá. Parecía totalmente desprendida. La explicación que acababa de dar sobre el más alto estado de consciencia había levantado el tenue velo que, evidentemente, separa la verdadera naturaleza de la Madre del mundo externo. La Madre ya había declarado que: «un fino velo ha sido creado sólo con el fin de permanecer aquí en este mundo con todos vosotros. Sin embargo, este fino velo puede desaparecer en cualquier momento en que Amma lo desee.»

A veces, cuando se está en presencia de la Madre, al observarla, es posible experimentar Su aspecto impersonal. Ese supremo estado de la Madre era el que se podía vislumbrar en aquel preciso momento, tras concluir su canción. Ante el inmenso mar, con sus olas rompiendo contra la orilla iluminada por la luna, y el insondable cielo repleto de innumerables estrellas titilantes; la Madre, en su estado espiritual exaltado, parecía un misterio inexpugnable. Toda la atmósfera estaba impregnada de una tangible energía espiritual, de una profunda sensación que, a su vez, producía un extraordinario sentimiento de paz interior en cada uno de nosotros. Fue un momento de pura dicha. Así transcurrieron unos quince minutos. Y a pesar del frío viento que soplaba, proveniente del mar, a nadie se le ocurría hacer siquiera el más leve movimiento.

Eran casi las doce cuando se produjo un ligero movimiento en el cuerpo de la Madre. Pocos segundos después, Ella volvió a su estado normal de consciencia. Todos notaron enseguida que la Madre había vuelto.

Algunos pescadores salieron de sus cabañas para ver lo que ocurría en aquella extraña hora de la noche. Algunos se unieron al grupo.

El apego es una enfermedad

Pronto pudo escucharse a la Madre de nuevo: «Los seres humanos tienen dos grandes problemas. Uno surge cuando no consigues lo que deseas, y el otro, por extraño que parezca, surge cuando logras realizar tu deseo.

Pregunta: «Amma, ¡qué raro! ¿Cómo puede surgir un problema cuando consigues lo que pretendes?»

Amma: «Hijo, es sencillo. Siempre que se cumplen tus deseos, se desencadena automáticamente una serie de problemas a causa de tu apego por aquello que has alcanzado. Cuando logras algo tiendes, a continuación, a protegerlo, aumentando así tu afán de posesión. La mente se torna confusa, tanto si consigues lo que deseas como si no. En tu lucha por conservar lo conseguido, sea lo que fuere, destruyes tu paz mental. El apego creado por tu mente constituye, por tanto, el verdadero problema. El apego es una enfermedad. Si una persona está demasiado apegada, puede incluso volverse loca.

«No puedes estar apegado a algo en el mundo y, al mismo tiempo, estar en paz; porque un excesivo apego origina una gran tensión mental, lo que inevitablemente producirá dolor. Cuando te apegas demasiado a algo, el nerviosismo y la ansiedad que produce ese apego, aceleran el proceso del pensamiento e intensifican el caos mental. Es tal la presión que se produce, que al no soportarla, tu mente se torna incontrolable. No sabes hacia dónde encaminarte ni a quién recurrir, ya que pierdes todo poder de discernimiento. Tu mente se transforma, al igual que un bosque tras el paso de un ciclón. Hasta ese momento podías observar, desde una cierta distancia, todas las cosas, y también a medida que éstas se presentaban en tu vida. Sin embargo, llega un momento en el que la presión del apego alcanza su grado máximo, la carga se vuelve demasiado pesada y ya no sabes qué hacer, ni cómo vencerla.

«Pierdes tu dominio sobre la vida y, al sentirte inmensamente solo y desilusionado, te conviertes en una víctima fácil de tu mente. Te ahogas en tus pensamientos, ya que te desbordan y engullen a medida que te identificas con la mente y con sus emociones negativas. Corres el peligro de que te sobrevenga un colapso emocional que te empuje hacia los reinos más oscuros de la mente. Puedes incluso perder la razón. Esto es lo que pueden provocar todos tus apegos.

«La Madre os va a relatar una historia que hace tiempo le contaron. Una vez, un hombre visitó el sanatorio de un médico amigo suyo. El médico lo llevó por todo el hospital para visitar a los pacientes. En una celda se encontraba un hombre sentado en una silla, balanceándose, mientras repetía feliz, una y otra vez, el nombre, «Pumpum, Pumpum, Pumpum...». El visitante preguntó al doctor, «Pobre hombre. ¿Qué le ocurre? ¿Quién es Pumpum? El doctor le contestó: «Pumpum era su amada. Ella lo abandonó y huyó con otro hombre, lo que provocó su locura». El visitante suspiró, y continuaron la visita. Al acercarse a otra celda, el visitante se sorprendió cuando vio en su interior cómo otro hombre se golpeaba la cabeza contra la pared, mientras pronunciaba el mismo nombre: «Pumpum, Pumpum, Pumpum...» De nuevo preguntó al doctor, «¿Qué es todo esto? ¿Pumpum tiene también algo que ver con este hombre?» El doctor le respondió, «Sí, éste es el hombre con el que Pumpum finalmente se casó».

Se produjeron estruendosas risas, cuando la Madre concluyó esta historia. En la quietud de la noche sonaron como un estallido. Luego fueron disipándose gradualmente fundiéndose con el sonido del océano. Poco después de la medianoche, la Madre se levantó y, seguida por Sus hijos, volvió al Ashram.

Había sido una noche maravillosa. Hay acontecimientos inolvidables que dejan una profunda huella en el corazón del discípulo, valiosos sucesos sobre los que habría mucho que reflexionar. Vivir con un Maestro vivo y verdadero es una bendición excepcional. La más excepcional y preciosa que un ser humano puede recibir. Estos momentos crearán más tarde, en el discípulo, interminables oleadas de intenso amor y anhelo, que finalmente le harán zambullirse en lo más profundo de su propia consciencia y, desde allí, remontarse a las máximas alturas del gozo espiritual. Benditos son, en verdad, los que se unen a un gran Maestro como la Madre.

Cuando Amma dice «no os preocupéis...»

Uno de los devotos comentaba: «Cuando Amma dice, «No os preocupéis», no tiene sentido preocuparse porque de una u otra forma el problema se resolverá».

Esta es la experiencia de muchos devotos. El devoto que hacía el comentario había llegado aquella tarde con toda su familia para ver a la Madre y recibir Sus bendiciones. Tenía un motivo especial para hacerlo.

Hacía año y medio que su hija había sido entregada en matrimonio a un joven piadoso. Juntos habían iniciado una feliz vida matrimonial. Transcurridos unos pocos meses, la familia recibió un duro golpe. A la joven esposa se le diagnóstico un cáncer de útero. En ese momento estaba embarazada de cinco meses. Los médicos opinaban que era un caso grave, extremadamente complicado. Había un tumor en el vientre que se consideraba maligno y tenía que ser eliminado mediante cirugía. Los médicos eran pesimistas respecto al resultado de la operación. No creían que el bebé pudiera salvarse y tampoco eran optimistas respecto a las oportunidades de vida de la madre. De hecho, los médicos confesaron a los padres de la joven que las vidas de su hija y del futuro bebé estaban exclusivamente en manos de Dios. Los preocupados padres acudieron a la Madre, su única fuente de esperanza. Le hablaron sobre la mortal enfermedad de su hija y suplicaron Su Gracia. Todos en la familia eran muy devotos de la Madre desde que la conocieron por primera vez, en 1981. Siempre que tenían algún problema recurrían a Ella, pidiéndole Su Gracia y guía.

La Madre los escuchó y al expresar Su profunda preocupación por su hija, les dijo, «No os preocupéis. La Madre cuidará de vuestra hija y su bebé». Ellos tenían una fe absoluta en la Madre, por lo que dejaron de preocuparse tan pronto Ella los hubo tranquilizado, a pesar de que aún faltaban cuatro meses para que su hija pasara por el quirófano. Su fe en las palabras de la Madre demostró ser válida al cien por cien. Se realizó la operación, el bebé fue extraído del vientre, y para asombro de los médicos, tanto la Madre como el niño sobrevivieron. Los médicos también extrajeron del útero un tumor que pesaba dos kilos, y a pesar de que aún temían que se presentaran complicaciones, no las hubo y todo salió bien. Tanto la madre como el bebé estaban perfectamente sanos.

Cuando la Madre bajó de Su habitación, los miembros de la familia, deseosos de recibir Su *darshan*, se dirigieron apresuradamente hacia Ella y se postraron, colocando al recién nacido a Sus pies. Con lágrimas de gratitud, la madre del bebé dijo a Amma: «Mi hijo nació sólo por Tu Gracia». La Madre cogió al pequeño y, mientras lo sostenía en Sus brazos y lo acariciaba, le dijo: «¡Ya ves cuánta preocupación has causado a tu madre, sólo para poder darte a luz!»

La Madre se sentó en el último peldaño de la escalera. Pronto se vio rodeada por los residentes del Ashram. El bebé seguía mirándola, con los ojos clavados en Su rostro. Tenía la tez oscura, por lo que la Madre lo llamó «Karumba» (El negro). La Madre continuó: «Hijo, eres negro como Amma. ¿No quieres ser rubio como tu madre?» El bebé de pronto se puso a llorar. La Madre dijo, «Parece que no le ha gustado que Amma le llame «Karumba».

El abuelo del bebé, sin poder ya contenerse estalló de entusiasmo:. «¡No! No!», replicó, «Le gustó que lo llamaras «Negro». Se regocijó al escuchar que es tan oscuro como Tú, Amma. Pero no le gustó cuando le preguntaste si quería ser rubio como su madre. ¡Está protestando! ¡Por eso llora!»

A todos les encantó este tierno comentario y rieron en señal de aprecio. La Madre también se unió a las risas mientras devolvía el bebé a su madre.

La necesidad de tapas (austeridades)

La Madre se volvió hacia los residentes que estaban sentados a Su alrededor y les dijo: «Son precisas inmensas *tapas* (austeridades) para que tenga lugar un nuevo nacimiento. Tomad como ejemplo el nacimiento de un niño. Su madre, mientras está gestando, literalmente está realizando *tapas*. Ha de tener mucho cuidado con todo lo que hace, su forma de moverse y actuar, incluso la manera cómo se acuesta. No puede comer cierto tipo de alimentos, ni debe excederse al realizar determinados trabajos físicos. Le conviene evitar todo tipo de situaciones en las que pueda ponerse nerviosa o alterada, y no es bueno para ella plantearse problemas ni inquietarse por nada. Sólo si la madre sigue las instrucciones de su médico podrá dar a luz un niño sano e inteligente. Si comete un error podría afectar al bebé. La mujer encinta piensa constantemente en el niño que lleva en su vientre. No olvida ni por un momento al bebé y su recuerdo es permanente. De manera similar, nosotros también debemos adoptar la misma actitud con respecto al nacimiento espiritual que está a punto de producirse en nosotros. Esta actitud se conoce como *tapas.* «Para que algo nazca, bien sea, p. ej. una nación, una institución o un negocio, se requiere una gran cantidad de *tapas*. Sólo a través de *tapas* podemos llegar a lo máximo en cualquier campo. Si eres una persona espiritual, o alguien cuyos objetivos son predominantemente materiales, y quieres convertirte en un verdadero maestro en tu campo, necesitas efectuar *tapas.*

«La búsqueda de la realización espiritual supone morir y nacer de nuevo. El ego tiene que morir, sólo entonces podrá nacer tu verdadero yo. Y al igual que cualquier proceso de nacimiento, tendrás que pasar por *tapas*, por intensas *tapas*. En cierto sentido el proceso de *tapas* es inevitable; es el dolor por el que has de atravesar en tu camino hacia la obtención de cualquier meta. Para alcanzar el objetivo espiritual es necesario el máximo de *tapas*. La diferencia entre el objetivo espiritual y otras aspiraciones reside sólo en el grado. La realización espiritual es la clase de felicidad más elevada que se puede alcanzar, y por lo tanto, el precio que tienes que pagar por ello es también muy elevado.

«Es cuestión de sentido común. La felicidad que obtenemos del mundo externo es fluctuante y transitoria; apenas permanece contigo. Está allí un momento y, al siguiente, ya se ha ido. Pero el gozo espiritual no es así. Cuando se produce el salto definitivo; es decir, cuando trasciendes las limitaciones del cuerpo, de la mente y del intelecto, no hay posible vuelta atrás. El gozo es para siempre, es infinito. Para que así suceda, debes efectuar el pago correspondiente, no basta con una parte de ti mismo, tienes que pagar con la totalidad, tienes que entregar toda tu vida.

«Observad cuánto tenéis que sacrificar para obtener tan solo unos pocos objetos materiales, alcanzar una posición más elevada o conseguir fama. Necesitáis estudiar y hacer prácticas para lograr una educación adecuada y obtener una titulación. Mucha gente sacrifica los placeres de la vida familiar para alcanzar una posición más elevada en la sociedad, o adquirir un negocio más rentable. Es preciso dedicar mucho tiempo y energía para lograr esos objetivos. Cuanta más felicidad quieras conseguir, mayor será el esfuerzo requerido y mayor será el precio que debas pagar.

Al margen de cómo sea vuestro crecimiento material, el dolor y la tensión os acompañarán siempre. No tendrán fin. Sin embargo, en la espiritualidad, una vez que alcanzáis la cima más alta, todo dolor y tensión desaparecen. Os volvéis completamente independientes y totalmente relajados.

«Podéis comprobar, por ejemplo, que si deseáis permanecer en vuestra ciudad, satisfechos con un trabajo modesto y disfrutando del placer de estar con vuestra familia; eso os resultará menos arduo y consumirá mucho menos tiempo y energía que si deseáis cambiar. El *tapas* o dolor por el que tenéis que pasar será relativamente pequeño. Si actuáis así, está bien. Pero si sois muy ambiciosos y deseáis ganar mucho dinero, creyendo que eso os hará más felices, entonces tendréis que sacrificaros y hacer muchas más austeridades (*tapas*). Y si deseáis convertiros en médicos o científicos en una universidad extranjera de reconocido prestigio, entonces la intensidad de *tapas* y el dolor requerido serán mucho más grandes.

«Así, pues, si una persona quiere ser la más feliz del mundo, el único camino para conseguir la más elevada felicidad es llevar una vida espiritual, realizando un intenso proceso de *tapas*. Es pura lógica. Sólo para ser propietario de unas cuantas cosas: una casa, un coche, una parcela de terreno, se tiene que pagar una gran suma y se requiere mucho sacrificio. Sin embargo, la espiritualidad, supone llegar a ser el dueño de todo el universo. El universo pasa a ser vuestro; se convierte en vuestro servidor y vosotros en su amo. Imaginaros la cantidad de *tapas* que tendréis que hacer para llegar a ser el Señor del Universo, alcanzar semejante riqueza siendo el más feliz de todos, y para siempre.

«Sí, hijos, es un nuevo nacimiento. Para ser auténticamente espirituales, necesitáis nacer de nuevo. Y sólo si morís, nacerá vuestro verdadero Ser.

«Cuando muere la cáscara externa de la semilla, brota la simiente. Crece poco a poco hasta convertirse en un gran árbol con abundancia de frutos y flores. De igual modo, la cáscara exterior, el cuerpo y el ego, deben morir para que podamos crecer y convertirnos en el Atman (el Ser).

«Igual que una madre está dispuesta a soportar el dolor del parto, el verdadero *sadhak* (aspirante espiritual) debe anhelar el dolor del *tapas* con gran perseverancia e inmensa consciencia, para poder florecer como una flor divina, hermosa y fragante. El botón se abre rompiéndose para que aparezca la flor y cuando el botón se abre, hay un cierto dolor. En esta etapa vuestro corazón es como un botón, y para que vuestro corazón se abra, es inevitable el dolor y el calor de *tapas*. *Tapas* significa literalmente calor. Sólo el calor producido por *tapas*, el dolor y el anhelo que crea, puede quemar la mente junto con todos sus pensamientos, *vasanas* (tendencias) y ego. El proceso de apertura es doloroso, pero una vez que se produce, la belleza y el encanto de esa divina flor del corazón es indescriptible y eterno».

Sé un principiante inocente

Pregunta: «¿Cuál es el mejor modo para que se produzca esa apertura?»

Amma: «Hijo, ¿puedes permanecer siempre como un principiante? Si puedes permanecer como un principiante inocente, ese es el mejor camino para que esa apertura se realice.»

Un brahmachari exclamó, «¡Principiante! ¿Qué supone ser un principiante, Amma?»

Amma: «Sí, hijo, sólo cuando te das cuenta de tu ignorancia puedes permanecer con la actitud propia de un principiante. Un principiante es siempre ignorante y lo sabe. Por tanto, escucha con asiduidad, permanece abierto y receptivo. Cuando crees que sabes, dejas de escuchar; sólo hablas. Tu mente e intelecto están llenos, ya no eres un principiante, te conviertes en un sabelotodo. Pero en realidad, un sabelotodo es más ignorante que otros porque está completamente cerrado, ha perdido su capacidad de apertura y receptividad. Tal vez sea inteligente, pero en realidad no sabe. Conocer de verdad no equivale a creer que uno lo sabe todo. Para saber, necesitas estar abierto, necesitas ser un principiante inocente.

«El principiante puede inclinarse humildemente, y por esto, el verdadero conocimiento fluye en él. Pero un sabelotodo sólo está lleno de información y tiende a ser egoísta. Por lo tanto no puede ser humilde. El verdadero conocimiento no puede entrar en él, no hay espacio para él y se desperdicia.

«Amma desea contaros una historia. Había una vez un *Mahatma* que vivía en un espeso bosque. Un día, una persona muy instruida fue a visitarlo. Con gran apresuramiento le rogó: «Venerable Señor, ¿puede hablarme sobre la meditación?» El *Mahatma* le contestó sonriente: «¿Por qué tiene tanta prisa? Siéntese, relájese y tómese una taza de té. Después hablaremos de la meditación, hay tiempo suficiente». Pero el erudito se mostraba muy nervioso e impaciente. Por tanto, le insistió de nuevo: «¿Por qué no hablamos ahora mismo? ¡Dígame algo sobre la meditación!». El *Mahatma* con gran calma le prometió que hablaría sobre esta cuestión, pero siempre que el erudito se sentara, se relajara y tomara una taza de té. Finalmente, el erudito tuvo que aceptar la sugerencia del *Mahatma* y sentarse. Pero, como suele pasar con las personas instruidas, el hombre fue incapaz de relajarse. En su interior, no dejó ni un momento de hablar. El *Mahatma*, a su vez, se tomó su tiempo. Hizo el té y volvió hacia el erudito, que impacientemente le esperaba . El *Mahatma* le dio un plato y una taza y en ella empezó a verter el té. Cuando se llenó la taza, ésta empezó a desbordarse; sin embargo, el *Mahatma* no dejaba de verter té. Mientras tanto, el erudito exclamaba: «¿Pero qué hace? ¡La taza está llena! ¡Deje de verter!» Pero el *Mahatma* seguía vertiendo. El té cayó primero en el plato, y del plato empezó a caer lentamente al suelo. El erudito empezó a gritar con todas sus fuerzas, «¡Eh! ¿está usted ciego? ¿No ve que la taza está llena y que no cabe ni una gota más?» El *Mahatma* sonrió y dejó de verter té. «Eso es», dijo. La taza está llena y no cabe ni una gota más. Así pues, usted sabe que cuando una taza está llena, no puede contener nada más. Entonces ¿cómo podría usted que está tan repleto de información, escucharme, si le hablo de meditación? Es imposible. Así que primero vacíe su mente y sólo entonces le hablaré. Sin embargo, la meditación es una experiencia que no puede explicarse verbalmente. La meditación ocurre sólo cuando uno se desembaraza de su mente y de sus pensamientos».»

La Madre continuó, «Las personas que creen saberlo todo sólo saben hablar. No pueden escuchar. Escuchar sólo es posible cuando hay apertura y vacío interior. Sólo el que mantiene una actitud humilde y acepta la idea de: «soy un principiante, soy ignorante», es capaz de escuchar con fe y amor. Los demás son incapaces de escuchar.

«Si observáis a dos eruditos hablando entre sí, veréis que ninguno de ellos escucha lo que dice el otro. Pero también veréis que hay uno que está callado mientras el otro habla y viceversa. Tal vez penséis que están escuchándose el uno al otro, pero de hecho, no sucede así. No pueden escucharse. Cuando uno habla, el otro tal vez no esté hablando externamente, pero sí en su interior, formando sus propias ideas e interpretaciones. Cada uno espera que el otro deje de hablar para poder empezar; por tanto, no existe conexión entre lo que se están diciendo. Uno hablará de A y el otro hablará de Z. Ninguno de los dos sabe escuchar; sólo saben hablar.

Cómo escuchar

«Si quieres ser un buen discípulo, has de saber escuchar, estar dotado de fe y amor. Debes tener siempre la actitud propia de un principiante para que puedas escuchar convenientemente. Estar completamente abierto y mostrarte inocente como un niño».

Pregunta: «Amma, a mi me parece que Te escucho cuando hablas, porque no creo estar hablando en mi interior. ¿O tal vez sí?

Amma: «Hijo, Amma no dice que no escuchéis. Lo hacéis, pero sólo parcialmente. Escucháis con vuestra mente. Vuestra capacidad de escuchar está dividida, no es del todo completa.

«Si por ejemplo observas a la gente cuando sigue un partido de fútbol, verás que a veces se olvidan de sí mismos. Cuando su jugador favorito lanza un balón, ellos también hacen curiosos movimientos con las manos y las piernas, y a veces verás algunas expresiones extrañas en sus caras. Están participando con sus cuerpos. Pero no se olvidan completamente de sí mismos; siguen allí, enfrascados en el juego, pero sólo parcialmente.

«Cuando un gran músico está tocando, los oyentes participan moviendo la cabeza y aplaudiendo. Pero sólo es una participación parcial, una participación sólo emocional. No está implicado todo tu ser.

«Cuando escuchas una canción estás presente; mientras que en la verdadera participación estás completamente ausente. Te olvidas de ti mismo. Todo tu ser, cada célula de tu cuerpo, se abre y recibes íntegramente, sin perder ni una sola gota. A medida que te embebes en el objeto de tus pensamientos o meditación, te identificas con él. En esa clase de participación estás totalmente ausente. Es como si el jugador estuviese ausente y sólo existiese el juego. De igual manera, es como si el cantante estuviese ausente y sólo existiese la canción.

«Cuando Mira Baï cantaba y danzaba, todo su ser participaba. Cuando las *gopis* de Brindaban anhelaban ver a Krishna, todo sus seres participaban. Se olvidaban de sí mismas. Se identificaban con Krishna.

«Tu capacidad de escuchar sólo será plena, si logras que todo tu ser participe. Sólo entonces fluirá hacia ti el verdadero conocimiento. Cuando aprendas a escuchar al Maestro con todo tu ser, tú mismo estarás ausente. No puedes estar presente; tu mente o ego no pueden permanecer presentes en esa clase de escucha o participación. Te identificas con tu Maestro, con su infinita consciencia, y te conviertes en todo.

«Una vez, el Señor Krishna y Arjuna fueron a dar un paseo. Tuvieron una larga y agradable charla. En un determinado momento, Krishna dijo a Arjuna: «Tú consideras que soy una encarnación de Dios. Entonces ven conmigo, ya que hoy deseo mostrarte algo.» Caminaron juntos por la campiña. Después de un rato Krishna se detuvo y señaló hacia una enorme vid que crecía en el campo, y preguntó: «¿Qué ves allí?» Arjuna respondió: «Veo una gran vid cargada de maduros racimos de uvas». El Señor le dijo: «Te equivocas, Arjuna. Esa no es una vid y esas tampoco son uvas. Mírala bien». Arjuna miró de nuevo hacia el viñedo y se sorprendió al descubrir que ante él no había ninguna vid, sólo el Señor. Y no había racimos de uvas, sólo innumerables formas de Krishna que colgaban de la forma de Krishna.

«Cuando participas íntegramente te conviertes en todo, te identificas con el universo entero. Un nuevo mundo se abre ante ti y te estableces permanentemente en ese estado.

Los tres tipos de estudiantes

«Las Escrituras hablan de tres tipos de estudiantes. El mejor estudiante, el más apto, escucha las palabras del Maestro con todo su ser. Si el Maestro le dice, «Tú eres Brahman», inmediatamente Él se convierte en Brahman, la Realidad Absoluta. ¿Cómo ocurre esto? Porque escucha totalmente, todo su ser participa en esa escucha. Escucha con fe íntegra y amor incondicional. Este estudiante tiene una insaciable sed de conocimiento. Absorbe las palabras de su Maestro, más aún, se embebe en el Maestro Mismo con todo su ser. Las palabras: «Tú eres Brahman» van directas a su corazón y él las hace realidad.

«Un discípulo así mantiene la actitud propia de un principiante, de un principiante inocente. Tal vez haya aprendido todas las Escrituras pero sigue siendo un principiante, tan inocente como un niño. Es profundamente humilde y, por tanto, el verdadero conocimiento fluye en su interior. El conocimiento más profundo sólo llega cuando aprendes a participar con todo tu ser, cuando aprendes el arte de inclinarte ante toda la creación con suprema humildad.

«El segundo tipo de discípulo escucha, pero sólo parcialmente. Tardará mucho más tiempo en darse cuenta de la verdad. Es cierto que escucha, pero sólo emocionalmente. No escucha de manera total. Su capacidad de escuchar está dividida, al igual que lo están su fe y amor. El Maestro, por tanto, tendrá que ser muy paciente con él para conseguir que aprenda a escuchar. Aún no conoce el arte de olvidarse de todo y participar con todo su ser. El verdadero conocimiento entrará en él cuando escuche al Maestro con tal intensidad que llegue a olvidarse de sí mismo. La mente siempre vacilante y dubitativa, no le permite ser un principiante inocente, ni que el conocimiento llegue hasta él. Aunque lo logre por momentos, la mente vuelve a imponerse. Su capacidad de receptividad es transitoria, ya que la mente no le permite permanecer firmemente en ese estado. De hecho, la mente no tendría que interferir para nada, ni tampoco formular preguntas. Sólo cuando cese la actividad mental, resultará factible la escucha total. Hasta entonces el discípulo sólo puede realizar una escucha parcial. No obstante, un Maestro verdadero, aquel en el que se encarnen la paciencia y la compasión, le ayudará a alcanzar su objetivo final.

El tercer tipo de discípulo suele ser proclive a lo intelectual. Es muy discursivo en su interior y su mente contiene tanta información que es absolutamente incapaz de escuchar. Este discípulo es muy egocéntrico y en él predomina la actitud del «yo» y de lo «mío». El Maestro tiene que proceder con infinita paciencia para llevarle hasta la luz. La capacidad del discípulo para escuchar es muy limitada, porque no sabe cómo ser un principiante inocente. No puede inclinarse ni ser humilde y, por tanto, el verdadero conocimiento no fluye en su interior. Aunque el Maestro le repita constantemente: «Eres Dios... Eres Brahman, el Absoluto», en su interior el discípulo se preguntará una y otra vez: «¿Cómo?», «¿Por qué?», «¿Qué?», «¿Cuándo?» y así indefinidamente, porque su intelecto está repleto de ideas propias y de las Escrituras. El Maestro deberá tener una enorme paciencia para encaminarle por la vía correcta. Sólo el disco divino puede abrir una brecha en este discípulo. El verdadero Maestro usará finalmente el disco divino del verdadero conocimiento para quebrantar el ego del discípulo. Vaciará su intelecto haciéndole sentir la pesada carga de su almacén de conocimientos limitados. Sólo después llenará el corazón del discípulo con la luz y el conocimiento verdaderos y el amor divino. Esta ardua tarea sólo puede emprenderla un Maestro auténtico.»

La Madre es un ejemplo vivo de alguien que emprende cualquier actividad implicando todo Su ser. Su ser entero participa durante el *darshan*, cuando habla o canta *bhajans*, y de igual modo cuando trabaja con todos en el Ashram. La Madre participa plenamente en cualquier actividad que se desarrolle en ese momento. Mientras recibe a Sus hijos durante el *darshan*, la Madre se ofrece por entero a todos ellos y se olvida de Sí misma. A la Madre no le interesa en absoluto su propio cuerpo, ni las comodidades físicas. Está completamente a disposición de Sus devotos, ofreciéndoles todo Su ser cuando se hace partícipe de su felicidad y aflicción, de sus éxitos y fracasos. Está plenamente presente sin la más mínima presencia de ego, ni de juicios valorativos.

Haga lo que haga La Madre, participa todo Su ser. Está totalmente situada en el presente. Nosotros sólo apreciamos Su forma externa, pero Ella no está allí. Sólo existe el Ser Puro. Su presencia y participación es total, y es profundamente alentadora. La Madre no puede hacer nada con indiferencia, sólo participar en Su plenitud. Es esta plenitud la que hace que la presencia de la Madre sea una experiencia tan maravillosa e inolvidable en nuestra vida. Y es esta plenitud la que añade un especial encanto y belleza a todo lo que Ella hace. Estar en Su presencia es una auténtica meditación. La sonrisa de la Madre, Su manera de andar, Su voz, Su mirada, Su contacto, así como cualquier otro gesto o detalle, si resultan tan perfectos, es porque Ella es *Purnam* (la Perfección). Ella es el Todo.

Capítulo 5

Por invitación de un devoto, la Madre visitó por primera vez Calcuta, donde pasó algunos días alojada en casa de su anfitrión. Por las mañanas celebraba *darshans* en la casa. Allí acudía a diario un constante flujo de devotos para recibir el *darshan de la Madre.*

La Madre se sentaba en la espaciosa habitación que ocupaba y en aquel mismo lugar recibía, uno por uno, a los devotos. La habitación de la Madre se encontraba en el primer piso del edificio. En el exterior se formaba una larga fila de personas que aguardaban pacientemente su turno. La fila se extendía a lo largo de la escalera, se prolongaba más allá de la entrada principal de la vivienda y llegaba hasta la carretera. Dentro de la habitación de la Madre algunas personas permanecían en profunda meditación, mientras otras La contemplaban con admiración. Los brahmacharis cantaban *bhajans.* Un músico profesional manifestó su deseo de interpretar una canción dedicada a la Madre, a la que él mismo había puesto música,

Paravasamannen Hridayam

Mi mente está profundamente alterada
por infinitos pensamientos perturbadores
¡Oh Madre, no te demores!

Cuida de este menesteroso.
Sé que caigo sin remedio
en las profundidades del mar.

Oh Madre, cuyo conocimiento
ha llegado hasta nosotros
a través de las edades,
¡Ven y alivia el dolor
de mis ojos implorantes!

Mi mente está confusa
con todo su desdichado oleaje.
Estoy luchando en este mar de fuego
sin poder llegar a la orilla,
sin haber contemplado
Tus Pies de Loto.

Una visión de la Madre como parashakti

Cuando terminó la canción, una mujer que en ese momento recibía el *darshan* de la Madre, de pronto se levantó y empezó a danzar y a cantar mientras entonaba el mantra: «Aum Parashaktyai Namah». La mujer levantaba los brazos y juntaba las palmas de las manos por encima de la cabeza. Sus ojos estaban cerrados y ríos de lágrimas corrían por sus mejillas. Mostraba un aspecto de gran beatitud. Tenía la serenidad y el gozo de aquél que está totalmente absorto en meditación.

En ese estado de felicidad, la mujer exclamó: «¡En verdad hoy soy bienaventurada! Al tocar Tus santos pies he sido bendecida y purificada. Hoy he visto a *Parashakti* [2]. ¡Oh, Madre, por favor no me dejes!»

Algunos devotos trataron de sacarla de la habitación. Pero la Madre interrumpió diciendo, «¡No, no, está bien! Ella está inmersa en un estado de beatitud. No la toquéis. Dejad que baile y cante.» Después de las instrucciones de la Madre, los devotos renunciaron a la idea de sacar a la mujer, y ella siguió danzando y cantando durante un tiempo en el mismo estado de beatitud.

Más tarde, la mujer habló de su experiencia:

«Cuando estaba esperando frente a la Madre, Ella me miró y me sonrió con mucho amor. Esa sonrisa fue para mí como una maravillosa descarga eléctrica y todo mi pelo se erizó. Sentí

[2] El Poder Supremo o La Madre Divina.

como si perdiera la consciencia de todo mi cuerpo y caí completamente rendida ante la Madre. Grité y supliqué, «¡Oh Madre, gran Encantadora, protégeme! ¡Oh Parvati, sagrada consorte del Señor Shiva, ampárame!» Con infinito amor y cariño la Madre me sujetó y me atrajo hacia Sí y puso mi cabeza en Su regazo. Entonces me levantó la cabeza y me puso pasta de sándalo entre las cejas. Este contacto divino fue otra experiencia sumamente dichosa. Mis ojos estaban totalmente abiertos. Fue como una experiencia del espacio exterior. Estaba completamente inmersa en una sensación divina. Su presencia era tan plena y tangible que me sentí flotando en el aire, flotando en un sentimiento de plenitud perfecta. Pero lo que contemplé ante mis ojos fue algo increíble. No fue un sueño, ni una ilusión, fue tan real y tan claro como te estoy viendo a ti en este preciso momento».

La mujer estaba muy alterada. No podía seguir hablando, como si las palabras se agolparan en su garganta. Sus ojos se llenaron de lágrimas y parecía estar en éxtasis. El que la escuchaba estaba ansioso por oír el resto de su narración, por lo que le suplicó: «Por favor, cuénteme algo sobre la visión que tuvo. ¿Qué es lo que vio?»

Finalmente la señora logró sobreponerse a sus emociones y dijo: «Vi la hermosa y encantadora forma de Devi exactamente ante mis ojos en todo Su esplendor y gloria, sentada en postura de loto con todas Sus armas. Las palabras no pueden describir la maravillosa experiencia que tuve. Mi corazón quedó embriagado de dicha. Sólo había felicidad, felicidad. Me ahogaba en la felicidad suprema». Incluso cuando hablaba de su experiencia, seguía mostrándose muy dichosa.

La estancia de cuatro días en Calcuta fue inolvidable. Un flujo interminable de devotos vino en busca de las bendiciones de la Madre. El *darshan* matutino, que empezaba a las nueve y media, terminaba a las cuatro o cuatro y media de la tarde. Muchos de los programas vespertinos se celebraban en diferentes lugares públicos. Personas de toda condición venían al encuentro de la Madre. Había niños, personas mayores, *sannyasins*, intelectuales, estudiantes, abogados, médicos, jornaleros, políticos y periodistas. Durante los *darshans* matutinos no había un solo espacio sin aprovechar. El modo en que la Madre daba el *darshan* a los devotos era indescriptible. Al igual que cuando uno ve su imagen reflejada en un espejo, la gente ve en la Madre su verdadera naturaleza, su propio Ser. Sienten que el propósito de sus vidas se ha cumplido. Y la Madre realiza sus deseos, pues sabe lo que quiere cada devoto. Para cumplir tales deseos, Ella se entrega totalmente, desde la inextinguible fuente de Su Ser infinito.

¿Es responsable la religión de los conflictos actuales?

Un periodista que fue a ver a la Madre durante Su visita a Calcuta tuvo la siguiente conversación con Ella:

Pregunta: «Amma, se supone que la religión y la espiritualidad guían a la gente por el camino recto y les da paz interior. Las personas religiosas y espirituales tienen que actuar como catalizadores que aporten armonía e integridad a la sociedad y entre las personas, ¿verdad? Pero parece que lo que hacen es crear una gran confusión, conflicto y desunión. ¿Existe alguna explicación para todo esto?

Amma: «Hijo, el problema no está en la religión o en la espiritualidad. Reside en la mente humana. Los principios esenciales de todas las religiones enseñan amor, paz y armonía. Los maestros espirituales nunca han predicado el egoísmo, ni tampoco han alentado a la gente a luchar entre sí.

«Los conflictos y problemas actuales que existen en nombre de la religión, se deben a la falta de una adecuada comprensión de los principios religiosos.

«En esta edad moderna la gente vive más en su mente que en su corazón. La mente es desconcertante. En ella habitan el egoísmo y la maldad. La mente es el asiento de todas nuestras dudas, y el intelecto es la morada del ego. Cuando vives en la mente y en el ego, sólo te preocupa el dinero, la fama y el poder. Los demás no te importan; sólo piensas en ti mismo y en tu nivel social, no hay sentimientos en tu corazón. El intelecto te hace pensar: «Yo, y sólo yo». La mente te mantiene ocupado con toda clase de dudas, sospechas y apegos. Sin ninguna fe, amor o compasión, dentro de ti se crea un infierno.

«Los intelectuales hacen interpretaciones; la gente cree en esas interpretaciones distorsionadas y luego luchan por ellas. Es lo que está ocurriendo en nuestra sociedad. En cada religión hay intelectuales y mentes que les prestan oídos. Los intelectuales interpretan las enseñanzas de las Escrituras y las de los maestros de sus religiones. Mientras tanto, los incautos caen como presas fáciles de sus definiciones sobre la verdad, y acaban enfrentándose. Los intelectuales se convierten en líderes y reputados consejeros. Sus seguidores los idealizan y los adoran como a dioses, en realidad han olvidado completamente a Dios. La verdad y los principios esenciales de la religión se han olvidado por completo, se ignora el propósito mismo de la religión y de las prácticas religiosas.

«Por desgracia casi todas las religiones están dirigidas por intelectuales. El corazón por sí solo puede guiar a una persona, pero se han olvidado del corazón. Sólo un auténtico Maestro que mora en el interior del corazón puede arrojar luz en el sendero de la religión. Únicamente puede unir a la gente; sólo ella puede hacer que la gente comprenda el verdadero sentido de la religión y los principios religiosos.

«Nadie que posea una genuina comprensión de la verdadera religión, puede echar la culpa a ésta o a los auténticos maestros de las calamidades que, hoy en día, ocurren en nombre de la religión. Es culpa de los intérpretes intelectuales y no de sus inocentes seguidores. Toda la responsabilidad recae en los maestros seudo-religiosos, los supuestos portadores de las antorchas de la religión, porque están confundiendo a la gente. Quieren imponer sus propias ideas y su visión errónea a los demás. Están repletos de ideas propias y de interpretaciones y, además, pretenden que la gente los escuche. Sus egos ansían atención, y por su avidez de reconocimiento, estos individuos, egoístas en extremo, han hecho que los ingenuos creyentes dirijan hacia ellos sus oraciones, hacia sus egos. Sus ingenuos seguidores creen plenamente en sus palabras, en sus falsas interpretaciones. Por supuesto, el ego es mucho más poderoso que la mente. La mente es intrínsecamente débil. El ego tiene capacidad de decisión, en tanto que la mente siempre duda, es fluctuante e inestable. Los intérpretes intelectuales de casi todas las religiones se han propuesto convencer a la gente. Sus enormes egos y su determinación pueden fácilmente subyugar a los seguidores de mente débil de cualquier religión. Y, de este modo, obtienen su victoria sobre los creyentes ingenuos, que terminan luchando por ellos.

«Ese tipo de intelectuales no tiene fe, ni amor, ni compasión. Su mantra es el dinero, el poder y el prestigio. Por tanto, no culpéis a la religión, a la espiritualidad o a los verdaderos maestros de los problemas actuales. No hay nada malo en la espiritualidad o en la religión. El problema está en la mente humana».

El periodista parecía desconcertado. Se quedó callado durante un buen rato antes de formular otra pregunta.

Religión y espiritualidad

Pregunta: «Amma, la espiritualidad y la religión son dos cosas distintas, o son una sola?»

Amma: «La espiritualidad es el verdadero nombre de la religión. La religión es lo externo y la espiritualidad es lo interno. La religión se puede comparar con la piel de una fruta y la espiritualidad con su fruto, su esencia. La espiritualidad es la verdadera esencia de la religión; de hecho, son una sola y misma cosa. No puedes diferenciar entre religión y espiritualidad, pero hace falta un discernimiento y comprensión adecuados para atravesar la piel externa y zambullirse en su profundidad, en la verdadera esencia.

«Las personas creen erróneamente que la religión y la espiritualidad son dos cosas distintas. Pero la religión y la espiritualidad son interdependientes como el cuerpo y el alma. Si se consideran y evalúan con la mente y el intelecto (ego), las verás como si fueran distintas. Pero si vas un poco más hacia lo profundo, descubrirás que son una misma cosa.

«La verdadera religión y los textos religiosos pueden compararse con la superficie del mar, mientras que la espiritualidad equivale a las perlas y los valiosos tesoros que yacen ocultos en la profundidad de sus aguas. El verdadero tesoro está allá en lo más profundo.

«El exterior de la religión, los textos religiosos y las Escrituras, satisfacen al intelecto, mientras que la espiritualidad, que es el interior de la religión, proporciona verdadera felicidad y paz mental porque calma la mente. La búsqueda siempre empieza en el exterior, pero culmina inevitablemente en el interior de la religión. A través del estudio de los *Vedas*, los *Upanishads* y otras Escrituras se puede obtener cierto grado de satisfacción intelectual. Con ella se alimenta el ego y la mente continúa turbulenta e inquieta. Pero estos estudios pueden hacer que nos encaminemos, poco a poco, desde la religión externa hacia la interna. Cuando cesa la búsqueda en el exterior de la religión, nos volvemos hacia el interior, y eso es la espiritualidad. El exterior nunca puede darnos la felicidad completa. Un día u otro tenemos que volvernos hacia el interior donde está la verdadera fuente. La felicidad intelectual nunca nos hará realmente felices. Tal vez te satisfaga un momento; pero, al instante, surgirán de nuevo las dudas, las preguntas y los razonamientos.

«Imagina que te dan un coco. Nunca antes habías visto uno. Te han dicho que es un alimento muy saludable y que de su jugo se obtiene una riquísima bebida refrescante. Mientras lo tienes en la mano observas que su aspecto exterior es muy bueno, además de verde. Crees que el exterior es el fruto en sí y empiezas a morderlo. Pero no pasa nada. Es tan duro que te empiezan a sangrar las encías y a doler los dientes. Estás a punto de tirar el coco, cuando un transeúnte observa tu disgusto. En ese instante, él se acerca y te dice: «¡No, no, no lo tires! La pulpa y el jugo están dentro. Ábrelo y verás.» Después, el hombre se va. De alguna manera te las ingenias para abrir la cáscara exterior del coco. Ahora has dado con una capa de fibras color marrón y una cáscara dura. Creyendo que la capa de fibra es el núcleo, intentas morderla. Es más suave que la parte exterior, pero tiene un extraño sabor. La capa que hay debajo es mucho más dura; es inútil tratar de morderla. Escupes toda la fibra y estás a punto de tirar el coco con total desesperación. En ese momento otra persona que ha observado tu lucha con el coco, se te acerca. Toma el coco y te lo abre. Bebes el agua refrescante y dulce; comes la pulpa y te sientes plenamente satisfecho. Al fin tu sed y tu hambre han quedado saciadas.

«Es un ejemplo de lo que sucede con la espiritualidad y la religión. Confundes lo exterior con lo interior, pero el exterior forma parte del interior. Son inseparables. Lo exterior es la religión y lo interior es la espiritualidad. Esto también se puede explicar de otro modo. Igual que el brillante aspecto externo de un coco, el cuerpo humano tiene una hermosa apariencia. La gente lo confunde con el alma, el *Atman*, y al estar fuertemente apegados al cuerpo centran toda su atención en él. Es preciso ir más allá para conocer al Ser, nuestra verdadera esencia. Pero más allá del cuerpo existe la mente, mucho más sutil y complicada. La gente, al carecer de un adecuado entendimiento, cree también que la mente es el *Atman*. Es difícil alejarse de la mente y sus desconcertantes pensamientos. Dentro de la mente existe una coraza mucho más dura compuesta por el intelecto y el ego con su sentido del «yo» y de lo «mío». Únicamente cuando se trasciende puede llegarse al núcleo, a la genuina Esencia. Sólo un verdadero Maestro puede guiarte hasta ese secreto más recóndito de la vida. Muchos se quedan atascados en el cuerpo, en la mente o en el intelecto (ego). Cuando se penetra y se va más allá de estas tres capas, se alcanza la auténtica morada de la felicidad, la esencia de la verdadera religión, que es la espiritualidad.

«Al igual que la parte externa de un coco, el exterior de la religión con todo su esplendor visual puede ser muy atractivo y fascinante. Pero de allí no sacarás nada en realidad, tal vez hasta te engañe. Si te dejas envolver demasiado por lo exterior, sólo encontrarás dolor y problemas.

«Desgraciadamente los seres humanos no tienen la perspectiva correcta para ver la realidad. Lo ilusorio les atrae más que lo verdadero, el exterior más que el interior. Se sienten muy apegados a sus ideas. Viven con sus propias concepciones sobre lo que es la religión, las cuales están, realmente, muy alejadas de la verdad.

«Hijos, he aquí una historia que le contaron a Amma:

«Un grupo de turistas viajaba por el campo, cuando su autobús sufrió una avería. Los nativos de la zona les proporcionaron algo de comer. Sin embargo, la comida extranjera les pareció extraña. Incluso llegaron a sospechar que podía estar adulterada y, aunque tenían hambre, no se decidieron a probarla. En aquel momento un perro pasó por allí. Los turistas le arrojaron una porción de comida y éste la tragó con rapidez. Estuvieron observando al perro para ver su reacción. Como el perro parecía haber disfrutado de la comida y no presentaba ninguna alteración o enfermedad, se animaron a comer. A la mañana siguiente, les llegó la noticia de que el perro había muerto, lo cual significaba que, después de todo, la comida debía estar en malas condiciones. Los turistas se horrorizaron. Poco después, muchos de ellos cayeron gravemente enfermos, quejándose de grandes dolores y con claros síntomas de envenenamiento. Buscaron un médico. Cuando acudió, se le informó sobre la situación y, seguidamente, empezó a indagar sobre el paradero del perro para averiguar la causa de su muerte. Una persona que vivía en la zona y sabía lo que había sucedido, se acercó al médico y le dijo: «Yo mismo arrojé el perro a una acequia, tras ser atropellado por un coche».

La realidad de la religión es algo que va más allá del concepto que la gente tiene de ella. Los llamados intelectuales de todas las religiones han enseñado a la gente una religión creada por ellos mismos. Una religión que se corresponde con sus propias ideas, que tiene poco que ver con la verdadera religión y sus principios esenciales. Engañan a la gente diciéndoles que sigan sólo el aspecto externo de la religión, y nunca el interno. Si se hiciese patente la unidad interna de todas las religiones disminuiría enormemente su importancia y nadie les prestaría ya ninguna atención. Ésa es la razón por la que sólo destacan las diferencias externas. De otro modo, sus egos morirían de hambre, lo que les resultaría insoportable. Además, y como ellos mismos están atascados en sus propios intelectos, no pueden asimilar los verdaderos principios de la espiritualidad; y si no se han empapado de esos principios, ¿cómo pueden enseñar espiritualidad a nadie?

«Cuando la gente llegue a entender el significado interno de la religión, abandonarán a los falsos guías religiosos. Ya no buscarán su orientación, porque sabrán que sólo una persona que ha ido más allá del propio ego, puede guiarles de verdad hasta el auténtico objetivo de la vida.

«La esencia de todas las religiones del mundo es la espiritualidad. Una religión sin principios espirituales en sus cimientos equivale a una fruta artificial hecha de cera. Esa religión se parecerá a un miembro artificial, carente de vida o de vitalidad. Igual que la piel hueca de una fruta sin pulpa.

«La espiritualidad es el substrato en el que tienen cabida todas las verdaderas religiones. Ninguna religión puede existir durante largo tiempo, si no se sustenta sobre principios espirituales. Una religión de estas características, moriría muy pronto.

«Es como *Brahman*, el Absoluto, y el mundo de los fenómenos. El mundo no puede existir sin *Brahman*, ya que *Brahman* es el substrato en el que el mundo existe. Pero *Brahman* existe sin el mundo. De modo semejante, la religión no puede existir sin espiritualidad. Pero la espiritualidad existe sin la religión. También puede compararse al cuerpo y el alma (*Atman*). El alma es necesaria para que el cuerpo exista, pero el alma existe sin el cuerpo. Si se contempla desde la perspectiva correcta y con la comprensión adecuada, la religión y la espiritualidad son esencialmente una, no dos».

Capítulo 6

La Madre deja de manifestar Krishna Bhava

El 18 de octubre de 1983 la Madre anunció que iba a dejar de dar *Krishna Bhava.* Esta decisión produjo una gran aflicción en los corazones de muchos devotos de Krishna. Desde luego, la Madre tenía sus razones. Ella declaró: «Durante *Krishna Bhava,* Amma está en un estado de completo desprendimiento. En ese estado Amma no siente ninguna compasión, ni tampoco ninguna falta de compasión; sólo es un juego de la consciencia, Amma no se siente emocionada, ni afectada por nada. Pero durante *Devi Bhava,* ocurre lo contrario, en ese momento Ella es la Madre que se preocupa profundamente por todos Sus hijos. Amma no siente otra cosa que amor y compasión durante *Devi Bhava*».

La Madre Misma ha revelado varias veces que Ella es al mismo tiempo la Madre externa e interna. La Madre externa aparece como la Madre más compasiva y amorosa que se preocupa intensamente por Sus hijos. Pero la Madre interna está más allá de esos sentimientos, como el espacio infinito. La Madre dice: «Si Amma quiere, puede permanecer en el estado que se encuentra más allá, completamente indiferente y desprendida de todo, pero esto no ayudaría a elevar a los que están sufriendo y a la sociedad. Esta es la razón por la que Amma elige el aspecto de una Madre amorosa y compasiva».

La decisión de la Madre de no manifestar *Krishna Bhava* se extendió rápidamente entre los residentes y devotos. Para muchos de los devotos fue una noticia sorprendente. Aunque experimentaban Su divinidad, tanto en las manifestaciones divinas como en los restantes momentos, los devotos seguían muy apegados a los *Bhavas* de Krishna y Devi de Amma.

En los primeros días, la Madre se mostraba muy juguetona y traviesa durante *Krishna Bhava*. Se comportaba igual que Krishna, para gran deleite de los devotos.

Para un *Mahatma* el mundo es un juego delicioso. Él está completamente desprendido e indiferente ante la naturaleza del mundo, diversa y contradictoria.

¿Por qué tendría que haber siquiera esa especie de juego? Como el Señor es el regidor absoluto de toda la creación, uno se pregunta ¿cuál es el propósito de este juego (*lila*) que Él representa?

La Madre vino a decir un día: «El juego del Supremo Señor fue creado por el puro placer del juego. Él es el Supremo Regidor y la Realidad omnisciente, pero el juego sólo puede ser un juego cuando se hace sin esa autoridad, cuando se olvida la autoridad. En el momento en el que la ejerces, te sales del juego y éste deja de serlo.

«Otra forma de interpretarlo es que el mundo nos parece real sólo en función de nuestro apego hacia él. El apego al mundo hace que éste parezca real, mientras que el desapego lo convierte en un juego prodigioso. En el estado de desapego no existe sentimiento de autoridad. Cuando renuncias a tu apego, percibes que todo es un mero juego, al que puedes unirte.

La Madre nos cuenta una historia para explicar este hecho.

«Un pequeño príncipe jugaba con algunos niños en los alrededores de su castillo. Jugaban al escondite. El príncipe estaba ocupado buscando a sus amigos y se hallaba completamente inmerso en el juego, disfrutando mucho. No podía encontrar a nadie, corría de un lado a otro, tratando ansiosamente de encontrar a los demás. Un adulto sujetó al príncipe y le preguntó: «¿Por qué te tomas tanto trabajo en encontrar a tus amigos? ¿No vendrían a ti al instante con sólo ejercer tu poder real y ordenar que vengan?» El príncipe miró compasivamente al adulto como si el pobre hombre estuviese muy enfermo, y le contestó: «¡Pero entonces ya no habría ningún juego y dejaría de ser divertido!»

«Durante *Krishna Bhava*, Amma está completamente desprendida. En ese estado de desapego todo es un juego. No se ejerce ninguna autoridad durante *Krishna Bhava*; en tanto que en *Devi Bhava*, Amma hace uso de Su autoridad y omnipotencia para proteger a Sus hijos».

Este talante juguetón de Amma durante *Krishna Bhava* producía un intenso vínculo con Amma, como Krishna, aún cuando Ella se encontraba, totalmente desprendida, en ese estado.

Uno de los momentos culminantes de *Krishna Bhava* surgía cuando la Madre ofrecía *prasad* a los devotos, haciéndoles tomar *panchamritam*[3] directamente en la palma de Su mano que Ella les acercaba a los labios. En algunas ocasiones, cuando un devoto abría la boca para recibir *prasad*, la Madre retiraba juguetonamente Su mano. A algunas personas se lo hacía unas cuantas veces, especialmente si eran devotos de Krishna.

Otras veces se podía ver a la Madre, como Krishna, atando traviesamente las manos de un devoto por haber cometido algún error del que la Madre conocía todos los detalles, sin que éste le hubiese dicho ni una sola palabra al respecto. Tal vez la persona había discutido con su mujer o desobedecido algunas de las palabras o instrucciones de la Madre. Aunque el devoto guardaba en secreto sus acciones pasadas, Ella se las descubría tan pronto como aparecía en el *darshan*.

Una vez un joven dejó de fumar después de conocer a Amma. Pero un día mientras estaba en compañía de sus amigos, que eran fumadores, el devoto se sintió tentado. El impulso se hizo tan fuerte que dio sólo una chupada, pero le remordió tanto la conciencia que se guardó muy bien de volverlo a hacer. Durante

---

[3] Un preparado dulce, que se ofrece durante la adoración, compuesto de leche, plátanos, mantequilla diluida, azúcar moreno, azúcar cristalizado y miel.

el siguiente Krishna Bhava, al ir al *darshan* la Madre le sonrió con una maliciosa mirada en Sus ojos. Puso Sus dedos índice y medio de tal manera que parecía como si sostuviera un cigarrillo, y se llevó el imaginario cigarrillo a los labios. El joven se sintió avergonzado e hizo un voto a la Madre, prometiendo no volver a fumar. En otra ocasión, la Madre le tapó la boca con un trozo de tela a Su abuela paterna, Acchamma, porque hablaba demasiado. Otro día, la Madre vendó los ojos a un devoto, ordenándole que caminara tres veces alrededor del templo, porque había estado viendo demasiadas películas.

Había un anciano que era muy inocente, con quien Amma, como Krishna, solía bromear maliciosamente. Era un ardiente devoto de Sri Krishna y su fe en la Madre era inquebrantable. La Madre siempre disfrutaba con los trucos que le hacía a este candoroso anciano. Él andaba en los setenta y su vista era tan deficiente que sin sus gafas no podía ver. Siempre que venía al *darshan* la Madre le quitaba las gafas. Él solía reír y reír hasta que Ella se las devolvía. Después de calarse bien las gafas se acercaba a la Madre para recibir Su bendición. Pero de repente la Madre se las quitaba de nuevo. Repetía varias veces esta acción, mientras el inocente anciano se limitaba a reír. En algunas ocasiones, solía exclamar: «Oh Krishna, ¿qué es esto? ¿Cómo puedo verte sin mis gafas?» Luego humildemente aceptaba: «De acuerdo, puedes quedártelas. Puedes quedarte con esas gafas externas y nublar mi visión tanto como Tú quieras, pero nunca podrás escapar del ojo de mi mente o de mi corazón. Aquí estás prisionero para siempre.»

A veces durante *Krishna Bhava*, cuando la Madre alimentaba al anciano con *panchamritam*, se lo daba sin parar. Él nunca decía basta y lo engullía todo. La Madre a veces lo alimentaba tan rápidamente, que apenas podía engullirlo. Cuando Amma como Krishna veía que él luchaba y se cansaba, reía alegremente. Paraba un poco, y cuando al fin dejaba de darle alimento, él protestaba inocentemente: «¿Por qué paras? Me gusta mucho. ¡Quiero más! ¡Dámelo todo!» Y a veces decía: «Oh Krishna, ¿sabes una cosa? Me gusta la dulzura de Tu mano más que la dulzura del *panchamritam*. Por eso no puedo negarme cuando Tú me alimentas. Dulces son Tus manos, oh Señor.»

Hay un canto en sánscrito que glorifica a Krishna y que el anciano solía cantar cuando se acercaba al *darshan* de la Madre.

Adharam Madhuram (Madhurashthakam)

Tus labios son tan dulces
Y dulce es Tu rostro
Dulces son Tus ojos
Y dulce Tu sonrisa
Dulce es Tu corazón
Y dulce tu caminar;
Oh Señor de Mathura
Todo tu ser es sumamente dulce.

Tus palabras son tan dulces
Y dulces Tus historias
Dulces son tus vestidos
Y dulces tus movimientos;
Oh Señor de Brindaban
Todo tu ser es sumamente dulce.

Tu flauta es tan dulce
Y dulces son Tus manos
Dulce es el polvo de Tus pies.
Y dulces Tus piernas
Dulce es Tu danza
Y dulce tu amistad
Oh Señor de Mathura
Todo tu ser es sumamente dulce.

Al final de cada Krishna Bhava cuando la Madre danzaba en éxtasis, los brahmacharis y devotos solían cantar los siguientes *bhajans: Krishna Krishna Radhe Krishna, Govinda Gopala Venukrishna, Mohana Krishna Manamohana Krishna, Murare Krishna Makunda Krishna, Radhe Govinda Gopi, y Shyama Sundara.*

La divina manifestación de la Madre como Krishna era extremadamente dulce y encantadora. Al final de *Krishna Bhava*, se encaminaba a la entrada del templo y se quedaba de pie durante un largo rato mirando a los devotos, sonriéndoles. Y mientras estaba allí los brahmacharis cantaban *bhajans* a Krishna, manteniendo un ritmo elevado y trepidante. La Madre salía entonces lentamente del templo hacia el mirador. Levantaba los brazos hacia lo alto y con Sus manos formando *mudras* (gestos divinos) empezaba a danzar.

Esta extática y beatífica danza que siempre realizaba de forma suave y meditativa, producía en los que la presenciaban un inmenso amor y devoción. Transportaba a los devotos al tiempo de Brindaban, donde el Señor Krishna solía jugar con las *gopis*. La Madre creaba exactamente la misma atmósfera y las mismas vibraciones aquí, en esta pequeña aldea de pescadores, para el bien de los devotos. Éstos estaban muy apegados al *Krishna Bhava* de la Madre porque fue la primera Manifestación Divina que Ella realizó. Había tantos recuerdos en torno al *Krishna Bhava* que a los devotos les resultaba muy difícil renunciar a éste. Estaban tristes y su congoja se reflejaba claramente en sus ojos y movimientos.

Por donde quiera que se entrara al Ashram, se oían comentarios de la gente sobre sus experiencias durante *Krishna Bhava*. El ingenuo anciano mencionado anteriormente tenía muchas historias qué contar. Constantemente recordaba cómo había empezado *Krishna Bhava* y los días en que la Madre solía dar *Bhava darshan* a la orilla del mar. Hablaba de las grandes penalidades por las que tuvieron que pasar durante aquel primer período.

Los devotos estaban tan alterados que en los días de *Bhava darshan* estallaban en lágrimas, primero en el hombro de Krishna durante *Krishna Bhava*[4], y luego en el regazo de Devi. Imploraban a la Madre y trataban de convencerla de que no terminara el *Krishna Bhava*. Ante tales súplicas, al final, Ella aceptó aparecer como Krishna una vez al mes. Su infinita compasión hacia Sus devotos no podía rechazar tan fácilmente sus plegarias. Al fin, la Madre dejó totalmente de manifestar *Krishna Bhava*. Sin embargo, esto ocurrió después de que Sus devotos alcanzaran una mayor comprensión espiritual que les permitiera entender que la Madre era siempre la misma, bien estuviera *en Krishna Bhava* o en *Devi Bhava*. La verdadera dimensión de Su naturaleza infinita fue revelándose gradualmente a Sus devotos.

Uno de ellos, que estaba muy apegado al *Krishna Bhava* de la Madre, le contaba al Brahmachari Balu una de sus experiencias. «Sabes, cada noche pongo un vaso de leche tibia frente a la foto de la Madre en *Krishna Bhava*. Un día, mi mujer y yo teníamos tanta prisa para ir a *Bhava darshan* que no tuvimos tiempo de enfriar la leche, después de hervirla. Era la hora en que salía el autobús hacia Vallickavu, de modo que puse la leche hirviendo frente a la foto, en la habitación de nuestro templo familiar, y salimos a toda prisa hacia la parada del autobús. Cuando llegamos al Ashram había empezado ya *Krishna Bhava*, y nos acercamos a la Madre, que se hallaba en el divino estado de Krishna. Como un niño pequeño y travieso, Krishna nos miró y exclamó sonriente: «¡Mirad! Tengo los labios quemados por beber la leche tan caliente!» Créeme, ¡en los labios de Madre se podía ver, de hecho, la señal de una quemadura!» Mientras el devoto recordaba este acontecimiento, las lágrimas le rodaban por las mejillas. Se le ahogaba la voz, por

[4] La Madre siempre se quedaba de pie durante *Krishna Bhava*, apoyando un pie en un pequeño *peetham* (escabel sagrado).

lo que ya no pudo seguir hablando a causa de la incontrolable emoción que sentía.

Una situación similar a aquella que se dio cuando Krishna partió de Brindaban se producía en aquel momento en el Ashram de la Madre. Pero, tal como lo expresa la Madre: «A veces ésta es Krishna y en otras ocasiones es Devi. Pero tanto Krishna como Devi están siempre aquí, en el interior de esta niña loca». Hay una profunda enseñanza detrás de esta afirmación. Y como la Madre, que en realidad es a la vez Krishna y Devi, vive aquí entre nosotros, ¿por qué habríamos de preocuparnos? Los distintos aspectos o formas de la Madre no son entidades aisladas, distintas; todas son manifestaciones de la misma Realidad Universal. Y esa Realidad Suprema que es la Madre, de quien emergen todas las formas, está aquí para protegernos y guiarnos. Por lo tanto, no tiene sentido que nos preocupemos.

Sin embargo, el dolor y el profundo sentido de pérdida que experimentaron los devotos, no duró mucho tiempo, dado que su vínculo con la Madre estaba profundamente arraigado, más que cualquier otra consideración.

Por encima de todo, la Madre Misma les reveló que Ella se identifica con esos distintos aspectos de lo Divino y que puede manifestar cualquiera de ellos con Su sola voluntad, en el momento en que lo desee. Por ejemplo, un día hace algunos meses, después de que la Madre empezara a dar Krishna Bhava una sola vez al mes, la Madre, Nealu, Balu, Venu y Gayatri se encontraban en la cabaña de Nealu. La Madre y Nealu conversaban, cuando Nealu de pronto dijo: «Amma, Tú lo eres todo para mi. Tú eres Krishna, Devi y todos los demás aspectos de lo Divino. Sé que Tú eres Krishna, y también Radha y Devi. Eres la personificación misma de Brahman. Pero a veces siento un intenso deseo de verte en Krishna Bhava».

La Madre sonrió a Nealu maliciosamente y le preguntó: «Nealumon (Nealu hijo mío), ¿realmente quieres ver a la Madre en Krishna Bhava?»

«Sí, muchísimo!» repuso Nealu. Sin más palabras, Madre tomó el chal de algodón de Nealu y se lo puso en torno a la cabeza. Volviéndose a Nealu, dijo: «¡Mira!» Los que estaban presentes se quedaron asombrados de ver a la Madre mirando exactamente como lo hacía durante Krishna Bhava. La forma de colocar las manos en *mudras* sagrados y todas Sus expresiones faciales -los chispeantes ojos y la forma de sonreír [5]- todo era exactamente igual.

Los brahmacharis y Gayatri se postraron espontáneamente ante Ella. Pero la revelación divina duró sólo unos segundos y la Madre concluyó su conversación con Nealu.

Una vez, Brahmachari Pai quería cierta imagen de la Madre por la que sentía un amor especial. Tenía varias fotografías de la Madre, incluso en las que aparecía como Devi y como Krishna, y todas le gustaban, pero esta imagen especial cuya fotografía aún tenía que realizarse, era una imagen de la Madre sentada en una postura determinada. Era esa la imagen en la que él meditaba. Sentía un intenso deseo de tener la foto de la Madre, sentada exactamente en esa postura en su *peetham* de *Devi Bhava*, pero vestida con su ropa blanca normal y el cabello recogido, sin corona. También quería que la Madre le mostrara el clásico *mudra abhaya* de protección y bendición [6]. Pero ¿cómo podría pedirle a la Madre que posara de una determinada manera para hacerle una foto? A nadie le dijo nada sobre este propósito.

---

[5] Durante Krishna Bhava, la Madre solía sonreír curvando los labios de un modo peculiar, que resultaba muy atractivo.

[6] En este *mudra*, ambas palmas están abiertas hacia afuera, con los dedos unidos. La mano derecha se mantiene a la altura del hombro y la mano izquierda señala hacia abajo, hacia la cadera.

Un día, Pai ya no pudo soportarlo más. Se sentía muy triste por este motivo y lloró durante largo rato. De pronto la Madre llegó caminando hacia él. Le sonrió y le dijo: «Hijo, Amma conoce tu deseo. No te preocupes, Amma lo cumplirá», y le pidió que Le siguiera al templo. La Madre se sentó en el *peetham* de *Devi Bhava* en la misma postura que Pai había visualizado. En ese instante, su estado cambió, se transformó exactamente en Devi, expresando todos los signos divinos que normalmente Ella manifiesta durante *Devi Bhava*. Brahmachari Srikumar hizo la fotografía y el sueño largamente acariciado de Pai se realizó. Lo más importante a destacar aquí es el poder de la Madre para manifestar tanto a Krishna como a Devi, o cualquier forma divina, en el momento que Ella lo desee. No es algo que se limite a cierto tiempo o lugar. Sea cual sea el momento y el lugar en que Ella lo decida, ése es el momento y lugar apropiado.

En los primeros días, los pocos brahmacharis que vivían en el Ashram solían cantar *Sri Lalita Sahasranama*, los mil nombres de Devi, mientras la Madre permanecía sentada en un *peetham* especial, preparado para ese fin. Pero a veces la Madre prefería sentarse en el *peetham* de *Devi Bhava*. En numerosas ocasiones, la Madre satisfacía los deseos de los brahmacharis, e incluso se colocaba el atuendo de *Devi Bhava*, incluida la corona, mientras se realizaba el canto especial de los mil nombres. Los brahmacharis se sentaban en semicírculo frente a la Madre y efectuaban la adoración, durante hora y media o dos horas. En todo ese tiempo, la Madre permanecía profundamente absorta en *samadhi*. Su apariencia era exactamente la misma que en *Devi Bhava*. A veces, la Madre seguía en *samadhi*, aún después de que el canto y la adoración hubieran terminado.

En incontables ocasiones la Madre revelaba claramente Su unidad con lo Divino, o hablaba abiertamente de ello. Estas revelaciones, junto con algunas experiencias, otorgaban a los brahmacharis y a los devotos una visión más profunda de la verdadera naturaleza de la Madre, les ayudaban a conseguir una mayor madurez y comprensión espiritual.

El último *darshan* regular de Krishna Bhava fue una noche inolvidable. Los devotos, uno tras otro, se deshacían en lágrimas en el hombro de Krishna. Esa noche sólo se cantaron los *bhajans* de Krishna y, finalmente, cuando los brahmacharis agotaron el repertorio, eligieron cantos sobre Devi, cantos de conmovedora añoranza, y los convirtieron en *bhajans* de Krishna. Brahmachari Venu no cesó de derramar lágrimas durante el *Krishna Bhava.* Sintiéndose incapaz de cantar, se levantó y fue al interior del templo. La Madre le permitió sentarse a Su lado.

Uno de los cantos elegidos esa noche, dará al lector una idea sobre la extrema aflicción por la que estaban pasando los devotos.

Povukayayo Kanna

Oh Kanna, ¿vas a partir?
He sido abandonado
por todos en este mundo
¿Tú también me abandonas?

Oh Kanna
Quiero guardarte
como una gema azul
en la cámara de mi corazón
y adorarte allí
a diario.

Oh Kanna
déjame reunir las perlas del Amor
en las profundidades del mar azul,
en tu presencia.

Y cuando vengas a mí
en forma de pájaro feliz
el afligido pájaro de mi vida
anhelará fundirse contigo
Oh Kanna.

La manifestación regular que la Madre hacía de *Krishna Bhava* terminó esa noche. Sin embargo, para bien de Sus devotos, la Madre siguió apareciendo como Krishna una vez al mes hasta noviembre de 1985, cuando tuvo lugar el último *Krishna Bhava*.

Cerremos este capítulo recordando unas palabras de la Madre:

«Los devotos llaman a estas manifestaciones «Krishna», «Devi», «Shiva», «Madre», o «Gurú», según su fe. Pero Amma no es ninguna de ellas y al mismo tiempo lo es todo. Y también está más allá de toda manifestación. El universo entero existe como una pequeña burbuja dentro de Ella».

Capítulo 7

Un devoto, que vivía a cuatro kilómetros al sur del Ashram, invitó a la Madre a su casa y Ella aceptó. Una noche, hacia las diez, después de los *bhajans* vespertinos, la Madre junto con algunos *brahmacharis* (Balu, Srikumar, Pai, Venu y Rao), Damayantiamma, Harshan, Satheesh y otras dos señoras de la vecindad, emprendieron la caminata por la orilla del mar hasta la casa del devoto. Era una noche hermosa. La luna llena resplandecía en el cielo y bajo su luz brillaba el Mar Arábigo. Sus olas reverberaban con el sagrado sonido «Aum». De vez en cuando las nubes cubrían la luna unos segundos y todo se oscurecía. Pero de nuevo, con la blanca luz de la luna el rostro de la tierra se encendía.

El grupo caminaba lentamente hacia el sur, con el mar a la derecha. Nadie se atrevía a hablar para no romper la armonía de la noche. Después de recorrer medio kilómetro, la Madre se acercó al borde del agua, donde las olas bañaban la orilla. Se quedó allí mirando hacia el horizonte occidental, mientras las olas se aproximaban y acariciaban, una y otra vez, Sus sagrados pies, como si desearan continuar este proceso indefinidamente, antes de que Ella reanudara Su camino.

Tan vasto y profundo como el océano

Mientras estaba allí de pie, de Sus labios escaparon unas palabras: «El océano es amplio y extenso, pero también profundo. Puedes ver y experimentar su inmensidad hasta cierto punto, mientras que su profundidad es invisible y está más allá de tu visión normal. Para conocerlo tendrás que sumergirte en él, tendrás que zambullirte en lo profundo. Necesitas abandonar la propia voluntad, necesitas valor y una mente audaz.»

Después la Madre se quedó en silencio y siguieron caminando hacia el sur. Por el camino uno de los brahmacharis hizo una pregunta a la Madre: «Amma: ¿qué nos has querido decir cuando estabas junto a la orilla del mar?»

La Madre le contestó con estas palabras: «Hijos, de un *Mahatma* podéis experimentar el amor, la compasión, la abnegación y otras cualidades divinas. Podéis experimentar estas cualidades a gran escala en presencia de un Alma Grande. Esto puede compararse a la contemplación de la inmensidad del océano. Podéis, hasta cierto punto, ver algo de su inmensidad, pero no su totalidad. Tal vez vislumbréis una porción infinitesimal, pero eso no es nada. Contemplar el océano desde la orilla no es nada. Pero aunque de hecho sólo estéis viendo una pequeñísima parte de él, os permite comprender sus inmensas dimensiones.

«El océano es vasto por fuera y profundo por dentro. El amor y la compasión que podemos experimentar de un *Mahatma* es comparable a la inmensidad del océano. Son manifestaciones externas que nos dan una experiencia tangible de aquello que está más allá de la superficie, en el interior. Sin embargo, no sabemos mostrarnos completamente abiertos como niños, y por esta razón la experiencia de amor infinito y compasión con que nos colma un *Mahatma*, sólo la sentimos de manera parcial. Sólo podemos experimentar una fracción de sus cualidades divinas. Pero aquello que se halla en el interior, esa hondura inconmensurable, es como la profundidad del océano, no podemos verla. Para experimentar esa profundidad hay que atravesar la superficie e ir más allá. Se debe ver más allá del amor que se manifiesta externamente.

Inclínate y conoce la profundidad

«La forma externa (de un *Mahatma)* es ciertamente hermosa y espectacular, y la vinculación externa es relativamente fácil, mientras que el contacto interno no lo es tanto. Puede compararse a nadar y zambullirse. Nadar en la superficie del océano es una experiencia agradable y deliciosa, pero zambullirse en el agua es una experiencia mucho más grande. Es una aventura. A medida que te sumerges, empiezas a experimentar algo completamente distinto. Vas a explorar el reino desconocido y misterioso del océano. Pero se necesita un esfuerzo mayor que el que supone nadar en la superficie. Tienes que contener la respiración e inclinarte ante el océano para ir por debajo de sus aguas. El nadador, por tanto, se rinde al océano. Y cuando te entregas, el océano te revela sus tesoros ocultos. Hasta ahora sólo has visto la hermosa superficie, no creías que hubieran lugares más bellos por explorar. A medida que te sumerges, descubres que quieres ver cada vez más, quieres experimentar sus profundidades. Sentirás una insaciable sed de conocimiento. Y de este modo, te sumergirás cada vez más hasta llegar al fondo mismo del océano.

«De manera similar, las expresiones externas de amor y compasión de un *Mahatma* son extraordinariamente hermosas. Es algo incomparable. No hay nada parecido sobre la faz de la tierra. Pero la belleza de su Ser interno es inefable. Para experimentar esa belleza oculta, la belleza de las profundidades insondables, es preciso ir más allá de las expresiones externas de amor y compasión. Para alcanzar aquello que es inexpresable es preciso superar toda forma de expresión. Para ir más allá de la superficie y trascender la forma externa del *Mahatma*, es necesario inclinarse y entregarse a él con total humildad. Es como zambullirse en el océano. Cuando te entregas por completo, el *Mahatma* te revelará su naturaleza interna.

«El amor de un *Mahatma* se sitúa más allá de las palabras. El amor que tú ves y experimentas externamente es por supuesto profundo e intenso, pero esa profundidad e intensidad sólo supone una fracción infinitesimal de lo que son realmente. Y eso es infinito. Cuando algo es infinito puedes hablar o escribir interminablemente sin llegar jamás a una explicación satisfactoria, porque carece de límites. Es más vasto que el mismo universo.

«Al ser una personificación del amor y la compasión, el *Mahatma* es tan paciente como la tierra. Pero de igual modo, la ira de un *Mahatma* tiene la misma profundidad que el amor, la compasión o la paciencia que él o ella expresan».

La Madre guardó silencio. Eran casi las once de la noche. Algunos pescadores deambulaban aún por la orilla, otros estaban dormidos sobre la arena. A la luz de la luna se podía ver, a lo lejos, un grupo de pescadores sentados en la playa en animada conversación. En los momentos en que las nubes cubrían la luna sólo se distinguían los extremos encendidos de sus *beedies*[7]. Algunos de los que deambulaban se acercaron para ver al pequeño grupo que caminaba por la orilla del mar a aquellas horas de la noche. Al ver caras conocidas, se marchaban sin proferir palabra.

Una de las personas que se acercó al grupo era un devoto. Cuando descubrió que era la Madre y los brahmacharis, se puso muy contento. «¡Oh, eres Tú, Ammachi?» Exclamó. «¿A dónde vas a estas horas de la noche?» El hombre llamó a su esposa e hijas: ¡«Venid! ¡Venid a ver quién es!» Su mujer y sus tres hijas aparecieron enseguida. Estaban muy contentas de ver a la Madre y a los demás. Inmediatamente, la invitaron a su cabaña. Con amabilidad y amor, la Madre declinó la invitación, diciendo, «Hijos, ya se ha hecho tarde para Amma. Caminábamos sin prisa porque hablábamos de asuntos espirituales, y entre tanto hemos pasado algún tiempo simplemente en la playa. Amma lo lamenta. Otra vez será». El hombre recriminó a su mujer por invitar a la Madre de forma tan directa. Le dijo, «¿Cómo te atreves? ¿Es ésta la forma de invitar a Ammachi a nuestra casa? Aunque Ammachi

[7] Cigarillos baratos indios liados en una hoja, comúnmente usados por los pobres.

es sencilla en Su estilo de vida, hemos de invitarla a la manera tradicional, y no como si se tratara de un amigo o un vecino».

La mujer al sentirse avergonzada, dijo disculpándose: «No tengo educación y soy inculta. No conozco ninguna tradición. Ammachi lo sabe y Ella seguramente me perdonará si he cometido alguna falta».

La Madre se volvió al marido y le dijo, «Hijo, está bien. Donde hay verdadero amor no hay necesidad de *acharas* (reglas tradicionales). Su invitación era inocente. No hay *achara* más grande que el amor.»

La Madre se volvió a la mujer y la abrazó diciendo: «Hija, no te preocupes, tranquilízate. Amma visitará tu casa cuando tenga tiempo. Pero hoy Amma no puede ir».

La Madre no olvidó tampoco expresar Su amor hacia sus hijas. Estaba a punto de irse cuando el hombre le dijo: «Ammachi, ¿puedo ir contigo?»

La Madre le contestó: «Sí, hijo, claro que puedes venir». Sin perder un momento ni siquiera para ponerse un dhoti limpio, se dispuso a seguir a Amma.

La Madre y el grupo siguieron su camino acompañados por el fuerte sonido de las olas y por una brisa fresca que soplaba del oeste. Ella tenía la mirada fija en el océano mientras caminaba. El mar oscuro y azul brillaba a la luz de la luna.

Como el pralayagni (el fuego de la disolución)

Cuando iban caminando surgió otra pregunta: «Amma, has dicho que la ira del *Mahatma* tiene la misma profundidad que su paciencia, su amor y compasión. ¿Qué nos quieres decir con eso?»

Antes de contestar, la Madre siguió mirando el océano durante largo rato.

«Hijos, la ira de un *Mahatma* se puede comparar a *Pralayagni,* el fuego de la disolución final. Si un *Mahatma* es uno con lo ilimitado, su ira puede considerarse, por tanto, de dimensiones infinitas. No puedes llegar a imaginar su intensidad. Tiene el poder de destruir el universo. Su poder equivale a la caída simultánea de innumerables bombas atómicas. Sus llamas podrían consumir el mundo entero.

«Cuando la Madre del Universo, la encarnación del amor y la compasión -que ama y cuida de la creación entera- se enfureció, se convirtió en Kali, y Su ira fue tan violenta como *Pralayagni*, el fuego de la disolución. Todo el universo habría quedado reducido a un puñado de cenizas, si los seres celestiales no hubieran intervenido.

«Cuando la Madre Universal se encoleriza, aparece como una visión deslumbrante, equivalente a billones de soles ardiendo al mismo tiempo. ¿Quién podría soportarlo? Sólo le es posible a aquel que carece de ego y cuya entrega ha sido total. Únicamente el que haya sido capaz de trascender su consciencia física. En otras palabras, sólo la Consciencia en su forma pura, inamovible, puede soportarlo. La ira de la Madre Universal es, por así decirlo, una violenta tempestad de Consciencia. Sólo puede ser compensada por una energía que sea perfectamente inamovible; y ése es Shiva que yace postrado mientras Kali exterioriza toda Su furia danzando encima de Él.

«La furia de Kali es *rajas* en su grado sumo. Es la explosión de la energía cósmica con todo su poder y gloria. Equivale a la explosión de cien mil bombas atómicas. Aún, con todo, esta comparación resulta insuficiente, pues sólo la pura energía *satvica*, es decir Shiva, puede contrarrestar la explosión de esta energía.

«Recordad cuán violento se tornó Sri Rama cuando el océano no cedió ante Sus ruegos. Para ganarse los favores del océano y, así, construir un puente que llegara hasta Lanka, Sri Rama se sentó en la orilla, y durante tres días practicó intensas austeridades. Quería cruzar el océano y llegar a Lanka, la morada de Ravana, donde éste mantenía secuestrada a Su sagrada consorte, Sita. Su propósito era rescatar a Sita con ayuda del ejército de monos, conducido por Hanuman y Sugreeva. Sin embargo, el océano no cedió en ningún momento. Siguió levantando gigantescas olas y se tornó mucho más encrespado.

«Sri Rama era la encarnación del Señor Supremo, el Dueño de toda la creación. No tenía que humillarse ante ninguna de Sus criaturas, ni era necesario que Él se humillara ante el océano. Pero actuó humildemente, para así dar ejemplo. El gran poema épico, el *Ramayana*, cuenta que cuando Él mostró su humildad, el océano se volvió arrogante, lo que provocó la terrible ira de Sri Rama; es decir, ordenó a la ira que viniera. Tomando Su gran arco y apuntándole con una flecha, el Señor, adoptando Su forma violenta, se levantó y dijo: «He intentado ser humilde y paciente, obedeciendo las leyes establecidas por la Naturaleza, pero no creas que es una debilidad por mi parte. Con esta simple flecha puedo secar tus aguas y destruir toda criatura viviente dentro de ti. ¿He de hacer esto, o vas a rendirte? Y el océano se rindió retirando sus olas.

«Sri Rama era la encarnación de la suprema paciencia y del perdón. Incluso perdonó a Kaikeyi, Su madrastra, que había sido extremadamente cruel con Él. Pero cuando se enfadó, Su ira fue tan profunda como Su paciencia. Cuenta el *Ramayana* que cuando Rama sostenía el arco y la flecha en Sus manos, listo para disparar al océano, tenía la apariencia del Dios de la Muerte, el fuego de la disolución final».

El punto mas alto de la existencia humana

La Madre continuó, «La Realización del Ser es el punto culminante de la existencia humana. Es el punto final de la concentración absoluta. No hay nada más allá de esta experiencia. La profundidad y energía de tal concentración es tan penetrante que resulta indescriptible. El alma Realizada emplea ese poder de concentración para penetrar en el misterio más profundo del universo, el misterio de Brahman. Establecida en ese supremo estado de Realización del Ser, y siendo capaz de concentrar su espíritu en un solo punto, puede dirigir sus energías a donde desee y cuando lo desee. Un verdadero Maestro nunca usará su poder con fines destructivos. Siempre lo utilizará para el bien del mundo y mejorar la sociedad. Pero recordad que también puede emplearlo para aleccionar a la raza humana. Un Maestro Realizado es uno con la Energía Cósmica, y esa energía es infinita. Puede liberarla o mantenerla, o hacer lo que quiera con ella. Cuando decide liberar energía, ésta puede ser positiva o negativa. Y aunque la liberara en forma aparentemente negativa, sería por el bien del mundo, con fines instructivos.

«Por tanto, si esa energía se libera, ya sea positiva o negativa, su poder será infinito, más allá de lo expresable. Al igual que el amor y la compasión de un *Mahatma* son indescriptibles, también lo es su ira. Es imposible medir la profundidad de una gran alma.»

Las palabras de la Madre nos traen el recuerdo de una canción escrita por uno de Sus devotos que trata sobre las infinitas manifestaciones de Amma:

Ananta Srishti Vahini

Te saludamos
Oh Gran Diosa Divina
Sustento de toda la creación

de infinitos estados de Ser
Tú, que eternamente bailas
la Danza Suprema.
Te saludamos
Oh, siempre Esplendorosa
Madre de Dicha Eterna
que sin cesar rompes el silencio
de la oscura noche.

Nos postramos ante Ti
Oh Bhadrakali,
la forma severa de Devi,
fuente de todo lo favorable,
Tú que impregnas toda consciencia,
que estás llena de compasión.
Tú eres La que disuelve
la individualidad.

Nos postramos ante Ti
cuya forma es como un triángulo [8]
que tiene tres ojos,
Tú que portas el tridente
y llevas una guirnalda de calaveras.
Oh Bhairavi,
Tú que nos otorgas buena fortuna
y vives en los lugares de cremación.

Nos postramos ante Ti
Oh Chandika
que no cesas de crecer,
severa y luminosa
infinitamente fuerte

[8] Se refiere a los triángulos del *yantra* de Sri Chakra.

que balancea Su espada,
produciendo el sonido «Jhana, Jhana».

Nos postramos ante Ti
Oh Diosa Chandika
llena de resplandor.
Tú eres Shankari
y Tu poder es infinito.
Tú nos otorgas todos los yogas
y la inmortalidad.

La Madre y el grupo llegaron a la casa del devoto a las once y cuarto. Toda la familia esperaba impaciente la llegada de la Madre y se colmaron de dicha cuando Ella apareció. El padre de familia junto con su mujer recibieron a la Madre con el *pada puja* tradicional (lavando los sagrados pies) y el *arati* (ofrenda de luz), tras lo cual todos se postraron a los pies de la Madre. Ella expresó, a Su manera acostumbrada, Su amor y afecto a todos los miembros de la familia, y hubo verdadero gozo entre ellos. El hijo más joven, que apenas tenía cuatro años, bailaba con deleite diciendo en voz alta: «¡Ha venido Amma! ¡Oh, Amma ha venido a nuestra casa!» La Madre llamó al niño para que se acercara y le inundó de besos. Al recibir Sus besos, él parecía aún más dichoso.

La ceremonia empezó a medianoche y terminó hacia las dos de la madrugada. Después del *puja* la Madre salió al patio, se sentó y contempló el océano. Había un profundo silencio alrededor. Sólo se percibía el ruido del mar, cantando su himno eterno. La Madre, vestida con Su sari blanco, permanecía sentada, balanceándose suavemente a la luz de la luna.

Mientras la Madre estuvo allí, toda la familia y el grupo del Ashram salieron también al patio, pero se sentaron a una discreta distancia desde donde podían observarla. Nadie quería acercarse más porque todos sabían que la Madre estaba sumida en el gozo supremo, en la soledad de su mundo interior.

La Madre compasiva

El viaje de vuelta se inició hacia las dos y media de la madrugada. Apenas se habló durante el camino, si bien la Madre cantó algunos *bhajans.*

Cuando pasaron por delante de la casa del devoto que les había acompañado desde la playa, él se acercó a la Madre para despedirse. Para gran sorpresa suya, la Madre se volvió hacia donde estaba su casa y dijo: «Amma va contigo». Por un momento el devoto se quedó atónito y quieto como una estatua. Casi gritaba de nerviosismo mientras decía: «¡Qué! ¡Vienes a mi casa!» Fue corriendo a su casa y golpeó la puerta llamando acaloradamente a su mujer y a sus hijas. Estaba muy excitado y no sabía qué hacer. Corría de un lado a otro frente a su casa, esperando a que le abrieran. En pocos segundos consiguió despertar a toda la familia. Estaban asombrados. No podían entender por qué hacía tanto ruido a esas horas de la noche. La mujer le hizo varias preguntas seguidas: «¿Qué te ha pasado? ¿Por qué gritas de ese modo? ¿No has ido con Ammachi?» Un vecino también se despertó a causa de todo ese alboroto. Desde la terraza de su casa les gritaba: «Amigos míos, ¿os pasa algo? ¿Queréis que vaya?»

En aquel instante, la Madre entró al patio delantero de la casa. La esposa del devoto se quedó boquiabierta cuando vio frente a ella a la Madre sonriente. Las hijas también estaban sorprendidas. Al principio, la mujer no podía hablar. Poco después estalló en lágrimas y se apoyó en el hombro de la Madre. El hombre ya estaba postrado a Sus pies, llorando como un niño. La Madre lo levantó y colocó su cabeza en Su hombro. Llena de lágrimas, la devota consiguió apenas decir: «¿Estoy soñando, Ammachi?

¡Oh Dios, qué *lila* (juego) es éste! Tenías que haberme dicho que nos visitarías a Tu regreso. Lo habría preparado todo y Te estaría esperando! En este momento no tengo nada en casa. ¡Ni siquiera hemos encendido la lámpara de aceite! ¡Oh Amma! ¿Por qué haces *lila* con nosotros?»

La mujer lloraba sin cesar. La Madre intentó consolarla diciendo, «Hija, Amma no es un invitado, es tu Madre. No hay ninguna necesidad de organizar grandes preparativos para recibirla. Tu amor por Ella es más que suficiente, no tienes por qué preocuparte. Todo lo que ofrezcas con tus propias manos es como ambrosía para Amma. ¡No llores!» Pero la inocente mujer no podía dejar de llorar. Finalmente la Madre tomó la iniciativa, y abrazando a la mujer, caminó hasta la casa.

Era una cabaña con dos habitaciones pequeñas y una minúscula cocina. La Madre fue directamente a la cocina seguida por la mujer, su marido y sus tres hijas mientras los demás esperaban fuera. La Madre empezó a buscar algo en la cocina; miró dentro de ollas y cazuelas, pero todo estaba vacío. Y mientras buscaba, la mujer seguía diciendo, «¡Qué lástima! No hay nada qué comer en la casa!» Al fin la Madre encontró una raíz de tapioca en un rincón. «¡Ah, esto será suficiente!» A continuación, cogió la raíz y salió de la cocina, al tiempo que la iba comiendo.

Por suerte, los devotos que los habían recibido anteriormente, le habían entregado a Harshan una bolsa de alimentos cocinados. La Madre tomó algo de esa comida y empezó a alimentar a la familia con Sus propias manos. La alegría de ellos y su gratitud fueron enormes. Con lágrimas en los ojos la mujer empezó a cantar algunas estrofas de un *bhajan,* e inmediatamente toda la familia se unió a ella.

Ammayalle Entammayalle

¿No eres Tú mi Madre?
Oh, ¿no eres Tú mi Madre amada
que enjuga mis lágrimas?

Oh Madre de catorce mundos
la Creadora del universo
¡Te he llamado sin cesar!
¡Oh Shakti!
Acaso no vendrás?

Oh Tú, que con amor cumples
todos nuestros deseos
Tú que englobas
creación, conservación y destrucción,
¡Te he llamado sin cesar!

¡Oh Padre y Madre,
Tú eres los cinco elementos
y toda la Tierra,
Te he llamado sin cesar!

Los Vedas y las Escrituras
el verdadero Conocimiento y el Vedanta
el comienzo, el medio y el fin
todo está contenido en Ti.
¡Te he llamado sin cesar!

Después de pasar unos minutos más con la familia, la Madre volvió al Ashram.

Capítulo 8

Aprender a vencer el aburrimiento

Un visitante devoto conocido por su naturaleza inquisitiva, preguntó a la Madre: «Amma, la mayoría de la gente se aburre cuando hace el mismo trabajo, la mismas cosas, un día tras otro. Tal vez por eso, muchos son los que desean cambiar de vida, de trabajo o se dedican a consumir nuevos productos. Sin embargo, Tú haces lo mismo todos los días: recibes a la gente y les das *darshan*. ¿No te sientes cansada de repetir siempre la misma rutina?»

Amma: «Hijo, el aburrimiento sólo puede afectar a los humanos, no a Dios. Dios nunca se aburre. Un *Mahatma* es Dios Mismo, bajo forma humana, el cual se halla establecido permanentemente en el Brahman Absoluto. Experimenta siempre un sentido de admiración y frescura en su mirada sobre el mundo y en todas sus acciones. Él es la Consciencia Inmanente que brilla en todo y a través de todo. Ignora, por tanto, lo que es el aburrimiento.

«El aburrimiento y la sequedad surgen, únicamente, cuando existe el sentido de la dualidad, la actitud de escisión entre «yo» y «tú», cuando te consideras una entidad separada. ¿Cómo puedes aburrirte si te sientes unido al Ser Total? La identificación con el universo entero disipa esa clase de sentimientos. Cuando estás contento dentro de tu propio Ser, la impresión de aburrimiento desaparece.

«Un *Mahatma* es como un lago rebosante de agua cristalina y pura, con un fondo de roca sólida, desde el que mana una fuente inagotable. El substrato, además de firme e inconmovible, produce constantemente agua pura y clara. Esta fuente de agua es infinita, jamás llega a secarse. Su caudal de agua no disminuye nunca. En esta fuente eterna, pueden saciar su sed todos los que se acerquen a ella.

«Un *Mahatma* sabe que es uno con el inmutable e indestructible Atman o Brahman, el Substrato de todo el universo. Gracias a este conocimiento, obtiene su fuerza y ecuanimidad interior. Es también una fuente inextinguible de amor y compasión.

«Cuando tu existencia está enraizada en el amor puro ¿cómo puedes aburrirte? El aburrimiento surge sólo cuando dejas de amar. En el verdadero amor, no puede existir ningún sentimiento de separación. El amor simplemente fluye. Quien desee dar el salto y sumergirse en esa corriente, será aceptado tal como es, no se impone ninguna condición. Si deseas sumergirte serás siempre aceptado. Si no lo deseas, ¿qué puede ocurrir? La corriente permanecerá allí, sin más. Nunca rechazará a nadie. Se muestra receptiva, constantemente dice sí, sí, sí...

Decid «sí» a la vida

«Aceptar es decir sí a todo. Aunque todo vaya mal en vuestra vida, debéis decir: «Sí, acepto». El río nos acoge a todos. La Naturaleza entera dice sí, excepto los seres humanos. Un ser humano puede aceptar o rechazar. En algunas ocasiones dice sí, pero la mayoría de las veces dice no. No considera la vida como un regalo, sino como un derecho. Hasta su felicidad la considera un derecho adquirido. Sólo cuando contemples la vida y lo que ella te ofrece como un valioso regalo, podrás aceptarlo todo. Si, por el contrario, insistes en considerarla como un derecho, te será imposible decir sí, sólo podrás decir no. Ese es vuestro error. Si siempre dices no a la vida y rechazas todas las experiencias que ella te ofrece, serás desdichado y te sentirás aburrido. Pero si aprendes a aceptar, a ver la vida y cada una de las experiencias que te otorga, como un regalo, y no como un derecho, nunca te dominará el aburrimiento.

«Cuando estás lleno de amor y compasión no puedes rechazar nada, únicamente aceptar. Amma sólo sabe decir sí. Nunca dice no y, por lo tanto, nunca se aburre. Decir «Sí» es aceptar. Cuando hay aceptación, desaparece el hastío.

«La palabra «no» sólo existe donde hay dualidad. Cuando rechazas la vida, te encuentras triste e insatisfecho. Protestas por todo y no consigues ser feliz. Te sientes insignificante e insatisfecho. ¿Por qué ocurre así? Porque jamás se cumplen tus deseos, siempre crees que te falta algo. Quieres dinero, fama, una casa nueva, un coche nuevo..., la lista sería interminable. De este modo te sientes triste y desgraciado. La vida se torna excesivamente árida. No paras de quejarte, nada acaba por satisfacerte. ¿Por qué? Porque te empeñas constantemente en decir no. Por tu falta de aceptación, eres incapaz de decir sí a lo que la vida te ofrece.

«La gente no cesa de perseguir objetos mundanos. Por eso, y a pesar de toda su educación y conocimiento intelectual, la gente sigue sintiéndose desdichada e insatisfecha. Incluso los más ricos se sienten desdichados. Se hastían fácilmente y su insatisfación les provoca constantes y nuevos deseos. Sienten que siempre falta algo en sus vidas para sentirse completos.

«La vida es un don precioso. Sin embargo, no usamos nuestro discernimiento para realizar una buena elección. Elegimos las cosas equivocadas y terminamos sintiéndonos desgraciados. El problema radica en nuestro interior. Es nuestra actitud equivocada la que engendra insatisfacción y aburrimiento. Damos demasiada importancia a lo que sólo es secundario, y dejamos de lado lo que es esencial y primordial.»

La Madre pasó entonces a relatar una historia para ilustrar esta enseñanza.

«Una persona sufría dos clases de padecimientos. Padecía de la vista y también tenía problemas digestivos. Fue a consultar a un médico y éste le recetó un colirio para los ojos y un jarabe para el estómago. Tenía que ponerse en los ojos unas gotas del colirio y tomar varias cucharadas de jarabe para mejorar su digestión. Pero desgraciadamente, el paciente, en su nerviosismo, confundió las instrucciones del médico. Cuando llegó a su casa, se bebió una porción del colirio y en sus ojos se echó unas gotas del jarabe. Consecuentemente, los dos problemas se agravaron.

«La misma gran confusión reina en nuestras vidas. Si queremos llevar una existencia plena de satisfacciones y de beatitud, debemos dar mucha más importancia al alma, a la realización del Ser, y otorgar menos importancia al cuerpo. Sin embargo, actuamos a la inversa. Confundimos los recipientes y aplicamos el remedio equivocado a la enfermedad inadecuada. Toda la energía, cuidados y atenciones que deberíamos dedicar al alma, las concentramos en nuestro cuerpo, en embellecerlo e idolatrarlo. El alma apenas recibe una gota de nuestra atención, la dejamos abandonada a su propia suerte. En nuestra confusión, adoptamos una perspectiva errónea, pensamos y actuamos de manera negativa, lo que engendra hastío e insatisfacción.

«Una vez establecido en el Ser, estás permanentemente dispuesto a dar, no deseas nada. En tal estado, no es posible el aburrimiento. Amma sólo quiere dar, no necesita nada, ni espera nada de nadie. Ella se conforma con lo que la vida Le regala. Por eso Amma no se aburre jamás

«Para poder dar sin cesar, debe desaparecer el sentimiento de separación, todo sentido de dualidad, lo que significa trascender la mente. Sólo entonces podrás dar verdaderamente, sin desear, tomar o recibir nada. El aburrimiento proviene de tu egoísmo y de tu visión egocéntrica. Cuando estás centrado en el Atman, cuando tu centro cambia del yo al Ser y careces de otro centro, quedas completamente liberado del tedio.

«El amor de Radha por Sri Krishna y el amor de Mira por su amado Giridhar no se extinguieron, son eternos. Ninguno de ellos esperó recibir nada a cambio por su amor. Todos ellos entregaron en abundancia, vivieron en la dicha y la plenitud, y jamás se aburrieron. Todo lo que recibían, fuera bueno o malo, lo apreciaban y lo aceptaban de buen grado. Por ello siguen habitando en nuestros corazones. Se volvieron inmortales porque renunciaron a todo. Sólo empiezas a vivir de verdad cuando mueren tu ego y tu mente. Radha y Mira dieron muerte a sus egos. Mira decía,: «Oh, Giridhar mío, no importa si no me amas. Pero mi Señor, ¡nunca me arrebates el derecho de amarte». Ésta era su actitud. Radha y Mira eran totalmente desinteresadas, su amor era puro, carente de ego y de pensamientos egoístas.

«Cuando vives obedeciendo a tu mente, actuando según sus caprichos y fantasías, no eres tú mismo, sino la mente. Esta forma de actuar constituye una verdadera locura. Es como si estuvieras muerto, ya que estás viviendo como si tu fueras un simple cuerpo y una mente, sin reconocer tu verdadera existencia como el Ser. Si crees que tan sólo eres un cuerpo, vives ilusoriamente. ¿Acaso no es una locura considerar real lo ilusorio, superponer a la realidad aquello que no pertenece a ella? Mientras vivas en la mente, estarás bajo el dominio del aburrimiento.

«La opresión y el ruido constante de tu mente constituyen una pesada carga que aumenta a diario y te abruma. Lo lamentable es que tú, el portador de esa carga, no eres consciente de su gran peso.

«Al creer que tu hastío y tristeza provienen de situaciones externas o de otras personas, vas de un lado a otro, acumulando experiencias de todo tipo hasta que, finalmente, quedas exhausto, y te hundes en tu propio fracaso. ¿No deseas eliminar la carga de tu mente para sentirte libre y en paz? «Sí, me gustaría», responde la mayoría de la gente. Pero no quieren abandonar aquello a lo que se aferran. Creen que si lo abandonan se tornarán vulnerables y perderán su seguridad.

«Incluso un niño pequeño posee este sentimiento. Si un niño no está en compañía de su madre o de su padre, se siente muy inseguro. Los niños siempre van de un lado a otro, sujetándose al sari de su madre o a la camisa de su padre. Eso les hace sentirse seguros y protegidos. Pero no durará mucho porque la fuente de este sentimiento de seguridad es inestable. A medida que el niño crece, aumenta el sentimiento de inseguridad porque descubre que la presencia de sus padres no constituye la verdadera seguridad. Empezará a sentir que tal presencia es más bien un obstáculo para su libertad. Pronto empezará a sentir que alguna otra cosa u otra persona puede proporcionarle más satisfacción que sus padres o su hogar, o la ciudad donde vive. La insatisfacción y el hastío van de la mano. Cuando empiezas a aburrirte con tus padres, quieres alejarte de ellos. Cuando te aburres de tu casa o de tu ciudad, procuras vivir en alguna otra parte. De igual modo, cuando te aburres de tu viejo coche, quieres comprar otro nuevo. Si te aburres de un largo noviazgo, buscas otra novia que sea diferente. En tu búsqueda de seguridad y satisfacción, abrazas constantemente la inseguridad. Nunca llegas a estar contento. Sólo sigues encontrándote con tu inseguridad e insatisfacción.

«Es tu mente la que es insegura. Ella es la fuente de tu aburrimiento, de tus temores y de todos tus problemas. Deshazte de tu mente, en lugar de sustituir un objeto por otro. Si te liberas de la mente, te convertirás en una nueva persona, con una visión fresca y siempre renovada de la vida. Mientras lleves a cuestas la mente, seguirás siendo la vieja persona de siempre, acumulando los mismos temores, la misma inseguridad, aburrimiento e insatisfacción.

«La verdadera seguridad en esta vida únicamente se encuentra en el Ser (Atman) o Dios. Y el único modo de liberarte de tu hastío es mediante la entrega de tu propio Ser a Dios o a un Maestro perfecto (*Satguru*). Sé un testigo de todo lo que sucede en la vida. Eres el *Purusha* eterno. Eres *Purnam* (Perfección). Eres el Todo y no un individuo limitado. Elimina tus sentimientos de dolor, aburrimiento e insatisfacción. Vive en el gozo supremo y en la plenitud».

Cuando terminó la conversación, nadie sentía deseos de hablar. La explicación que la Madre acababa de dar era tan hermosa y tan reveladora, que si antes alguien hubiese querido formular alguna pregunta, en ese momento la hubiera olvidado. La Madre permanecía con los ojos cerrados. Todos espontáneamente hicieron lo mismo, adoptaron una actitud contemplativa, absorbiendo con fruición la energía espiritual que de manera tangible se percibía en la atmósfera.

Más tarde, cuando empezaron a salir de su estado meditativo, la Madre pidió a los brahmacharis que entonaran un cántico:

Sukhamenni Tirayunna

Tú, que buscas
la felicidad por doquier,
¿cómo vas a encontrarla
sin renunciar a tu vanidad?
Hasta que La Madre Universal,
encarnación de la Compasión,
no brille en tu corazón
¿cómo podrás ser feliz?

La mente,
carente de amor
y devoción hacia Shakti
el Poder Supremo,
es una flor sin fragancia,
una hoja arrastrada por las olas
de un mar tempestuoso.

Que no te sujeten las garras
del buitre llamado destino.
Adora al Ser en soledad.
No esperes los frutos
de tus acciones,
Adora la forma del Ser Universal
en lo más íntimo de tu corazón.

Capítulo 3

La Madre incomprensible

Hasta las personas más próximas a Amma han sentido siempre que Ella es incomprensible. Después de varios años de íntima vinculación con Ella, este autor cree que hay algo insondable en la Madre, que es alguien que está mucho más allá de su capacidad de comprensión.

El primer grupo de brahmacharis que llegó hasta la Madre siempre se ha formulado las mismas preguntas: «¿Cómo es posible entenderla? ¿Cómo podemos conocer Sus deseos para actuar y servirla lo mejor posible?» A veces se han encontrado con dificultades por no entender a la Madre.

En innumerables ocasiones, han experimentado la incomprensible naturaleza de la Madre. Si durante unas cuantas semanas o unos meses, vivimos cerca de una persona, nos resultará fácil comprender su carácter; sin embargo, en el caso de Amma Su personalidad sigue siendo completamente desconocida para sus primeros brahmacharis y todos aquellos que se han acercado a Ella. Gayatri, conocida actualmente como Swamini Amritaprana, tras haber estado sirviendo a la Madre durante dos décadas, dijo en cierta ocasión: «¿Qué fenómeno más curioso? Una puede entender lo infinito, ¡pero no a la Madre!»

Un día Balu y Gayatri se reunieron con Amma en Su habitación. La Madre se mostraba muy amorosa y afectuosa hacia Balu. Estuvo hablando con él mucho tiempo, aclarando sus dudas y respondiendo a todas sus preguntas. Incluso lo alimentó con Sus propias manos. En aquellos momentos sentía un gran amor hacia la Madre y rebosaba de alegría y felicidad. Pero de pronto, la Madre se dio la vuelta y le pidió que saliera de la habitación.

Amma se mostraba completamente indiferente, no podía apreciarse ningún gesto de amor en Su rostro. Balu no salía de su asombro al ver el cambio tan repentino que se había operado en la Madre. Estaba realmente confuso. Al principio creyó que la Madre le estaba gastando una broma, pero pronto se dio cuenta de que Amma iba en serio. Quiso preguntar por qué, ya que no entendía lo que estaba sucediendo. Quería preguntar pero no podía, pues se lo impedían las palabras de la Madre y la mirada amenazante y profunda que aparecía en Su rostro. Este repentino cambio en el aspecto de la Madre fue semejante a la caída de una enorme roca en las aguas tranquilas de un lago; fue como si un precioso castillo se desmoronara por completo en el mismo instante en que era admirado y apreciado.

Balu permaneció en silencio, petrificado como una estatua. Apenas podía moverse, cuando escuchó la voz de la Madre que repetía: «¡Sal de aquí! ¡Quiero estar sola! ¿Por qué tardas tanto en marcharte?» Con el corazón dolorido y triste, Balu salió lentamente de la habitación. En cuanto cruzó el umbral, la Madre cerró la puerta de un golpe. El sonido de la puerta fue como un insoportable y duro golpe dirigido al corazón de Balu.

Aunque había salido de la habitación de la Madre, Balu apenas tenía ánimo para alejarse de allí. Su amor por la Madre era tan intenso, que se sentó delante de la puerta cerrada y lloró como un niño abandonado.

Balu pensó: «Tal vez quiera poner a prueba mi fe y mi paciencia. Uno se siente demasiado orgulloso cuando la Madre te permite estar cerca de Ella durante algún tiempo. El ego piensa: «sin duda debo ser alguien muy especial, pues de otro modo la Madre no permitiría que yo estuviera tanto tiempo tan cerca de Ella?» Es entonces cuando la Madre lanza Su rayo. El problema es que la mente jamás piensa: «Qué suerte poder pasar tanto tiempo en presencia de la Madre. ¡Qué gran bendición!» Por el contrario, la mente y el ego sólo pueden pensar negativamente, en términos egoístas y vanidosos. Cuando llega el inesperado ataque de la Madre, el propio orgullo se hace añicos. Si no tengo orgullo, si mis pensamientos son positivos, si me siento bendecido y lleno de gratitud hacia la Madre, no me puedo sentir triste ni desdichado. El dolor y la tristeza aparecen cuando me cuestiono la importancia del ego. Si no me siento orgulloso, si no me creo un ser extraordinario por pasar tanto tiempo junto a la Madre, y si no considero como un derecho el estar en Su presencia, ¿cómo puedo estar triste? Donde sólo hay humildad no puede haber dolor, ni tristeza.»

Pocos minutos más tarde oyó que alguien abría la puerta. Levantó la cabeza y se quedó sorprendido al ver a la Madre con una gran sonrisa en Su rostro. Su expresión se había tornado tierna. Como si nada hubiese ocurrido, ahora le decía: «Entra, hijo. ¿Qué te ha pasado? ¿Por qué lloras?» Balu apenas podía creerlo. No acababa de comprender lo que estaba sucediendo. Al quedarse allí, sin reaccionar, sorprendido por tan extraña situación, Balu escuchó de nuevo la voz de la Madre que le repetía: «Hijo, entra. ¿Qué ha ocurrido? ¿Por qué lloras?» Esas palabras fueron como una lluvia torrencial para el pájaro chataka que habitaba en el corazón de Balu[9]. Al igual que el hielo se funde bajo los ardientes rayos del sol, todo el dolor de su corazón desapareció al instante. Estaba tan impresionado por la compasión de la Madre que de nuevo estalló en lágrimas. Sin embargo, no dejaba de preguntarse sobre el comportamiento aparentemente contradictorio de la Madre. Cómo era posible que, al principio, Ella se mostrara tan amorosa y cariñosa, y de pronto, sin ninguna razón aparente, cambiara completamente. ¿Qué había ocurrido? La verdad es que

---

9 Se dice que el pájaro *chataka* (cálao) sólo bebe las gotas de lluvia que caen del cielo. No le gusta ninguna otra clase de agua. Cuando no llueve, el pájaro *chataka* resiste sediento y triste.

no podía entenderlo. Al cabo de unos minutos preguntó: «Madre, soy incapaz de entenderte y, por tanto, de actuar en consecuencia. Este es mi mayor dolor. ¿Cómo puedo comprenderte?»

La Madre sonrió y contestó: «Para comprenderme tienes que transformarte en Mí.»

Fue como si Balu hubiese preguntado cómo entender el infinito, y la respuesta hubiese sido: «A menos que te vuelvas infinito, no podrás entender el infinito».

Este pequeño episodio es tan solo un botón de muestra de otras muchas anécdotas semejantes.

La enfermedad de la Madre

Una mañana la Madre se despertó muy enferma. Estaba tan débil que ni siquiera podía levantarse de la cama. Era domingo y cientos de personas esperaban el *darshan* matutino de la Madre. Se quejaba de que le costaba mucho respirar y de que sentía un terrible dolor por todo su cuerpo. (A veces sucede esto cuando la Madre asume sobre Sí misma las enfermedades de los devotos). Se encontraba tan mal que no paraba de dar vueltas en la cama. Al ser ésta bastante estrecha, la Madre decidió acostarse directamente en el suelo. Gayatri y los brahmacharis temían que el frío del suelo agravara Su dolor, de modo que extendieron una gruesa manta. Como la Madre no aceptó la manta, Gayatri la retiró. Después, ayudó a la Madre a tenderse en el suelo. Tumbada en el desnudo suelo, la Madre empezó a rodar de un lado a otro gimiendo de dolor. Su sufrimiento era evidente. Los brahmacharis decidieron que ese día no se celebraría el *darshan* matutino ni el Devi Bhava. Se lo comunicaron a la Madre y Ella no respondió. Tomando Su silencio como aprobación, se puso una indicación frente al Ashram anunciando la cancelación tanto del *darshan* matutino como del Devi Bhava. Uno de los brahmacharis bajó las escaleras y lo anunció a los devotos que esperaban a la Madre en la cabaña del *darshan*. Todos se sintieron muy desilusionados.

Pasadas las nueve y media, la Madre seguía en el suelo. Su condición física no había mejorado lo más mínimo. Todos estaban preocupados. Gayatri y Damayantiamma le daban masajes en las piernas mientras una brahmacharini sostenía una bolsa de agua caliente junto a Su pecho. Todos los ojos estaban fijos en Ella. De pronto la Madre se incorporó de un salto y preguntó: «¿Qué hora es?» Todos se sorprendieron y le contestaron a coro: «¿Por qué, Amma? ¿Para qué quieres saber la hora?».

«¿Por qué hacéis estas preguntas?» dijo la Madre como si nada hubiese pasado. «¿No sabéis que hoy es domingo? Los devotos deben estar esperando abajo para el *darshan*. ¿Qué hora es?», preguntó de nuevo. Se giró para ver el reloj y, cuando descubrió la hora que era, exclamó, «¡Oh Shivane! Son casi las diez menos cuarto!» Rápidamente se levantó del suelo. Nealu protestó: «Pero Amma, ya hemos anunciado que hoy no habrá *darshan* y los devotos ya lo saben. Se disponen a marchar. Amma, estás muy enferma, necesitas descansar al menos un día». La Madre miró a Nealu con severidad y dijo: «¿Qué acabas de decir? ¿Les has comunicado que hoy no hay *darshan*? ¿Has hecho semejante anuncio? ¿Y quién te ha dicho que Amma está enferma? ¡Amma no está enferma! ¡Ella nunca ha hecho nada semejante! Amma está sorprendida al ver que vosotros, a pesar del tiempo que lleváis con Ella, seguís careciendo de compasión. ¿Cómo se os ha ocurrido despachar a todos esos devotos?» Inmediatamente hizo que Pai bajara a decirles a todos que la Madre otorgaría *darshan* como de costumbre. Los devotos llenos de gozo, se apresuraron para volver a la cabaña.

En aquel preciso momento Amma presentaba un aspecto completamente normal. No había en Ella señal alguna de dolor o enfermedad. Ella explicó a los brahmacharis: «No entendéis los sentimientos de los devotos. Algunos de ellos han estado esperando ansiosamente bastante tiempo para ver a Amma. Muchos de ellos han pedido dinero prestado, e incluso han vendido sus pendientes o sus aros de nariz para venir a ver a Amma. Otros a duras penas logran juntar unas monedas al día de sus escasas ganancias, ni ahorran lo suficiente para el autobús a fin de visitar el Ashram una vez al mes. Para vosotros es muy fácil despedirlos diciéndoles que hoy no hay *darshan*. Pero pensad en la extrema aflicción que tendrían si no pudieran ver a Amma. Pensad en todas las dificultades que han tenido que afrontar para venir hasta aquí. Pensad en su desilusión. Muchos devotos no toman ninguna decisión importante en sus vidas, sin preguntar primero a Amma. Los que están aquí quizás precisen una respuesta hoy mismo. No siempre es posible posponer una decisión o una acción. Qué fácil fue para vosotros decidir repentinamente que hoy no habría *darshan*. Hijos, tratad de entender los problemas de los demás y tratad de sentir su dolor.

Nealu inquirió preocupado: «¿Qué pensará la gente de nosotros? Pensarán que nosotros, los brahmacharis, hemos cancelado el *darshan* por propia iniciativa»:

La Madre miró de nuevo a Nealu con severidad y dijo: «Nealu, ¿te sigue preocupando lo que la gente piense de ti? ¡Muy bien! De modo que tienes miedo de los demás y de sus pensamientos. Todo lo que ha ocurrido ha sido voluntad de Amma. ¿No puedes tomarlo así? ¿Es así como un discípulo debe sentirse respecto a su Maestro? La preocupación por lo que los demás piensen de ti proviene del ego. El ego sólo desea mantener una buena imagen. Tú no quieres que nadie te desapruebe o critique. Eso te preocupa mucho más que la salud de Amma. A una persona entregada a Dios o a un Maestro jamás le asaltan tales pensamientos. Una vez que te entregas, dejas de pensar en ti o en lo que otros piensan de ti. Debes aprender a entregar tu ego».

Tan pronto terminó la Madre de hablar, Gayatri pidió a todos que salieran de la habitación para que Ella pudiera prepararse para el *darshan*.

Un extraño que pone orden en la mente

Veinte minutos después, la Madre bajó a la cabaña del *darshan* y empezó a recibir a los devotos. Se mostraba entusiasmada y alegre, Su aspecto irradiaba una salud perfecta.

En cierta ocasión, los brahmacharis le preguntaron a la Madre cómo tenían que entender Sus desconcertantes manifestaciones, y por qué se comportaba, a veces, de forma aparentemente tan extraña.

La Madre contestó: «Es vuestra extraña y agitada mente la que considera que Amma se comporta de manera sorprendente. Tenéis ideas preconcebidas sobre cuál es la conducta adecuada y, por eso, os parece sorprendente. A través de vuestra cultura y educación, habéis asumido determinados conceptos y hábitos. Consideráis ciertas formas de conducta como extrañas y otras como normales. Extrañeza y normalidad pertenecen a vuestro campo conceptual, a la propia creencia personal. Bajo vuestro prisma mental, deseáis que Amma hable y se comporte de acuerdo con las reglas adquiridas por vuestra mente.

«Es posible que respecto a la vida, tengáis ideas que consideréis correctas, pero es muy probable que éstas sean diferentes a las de los demás. Cada uno tiene sus propias ideas, pensamientos y sentimientos, convencido de que está en lo cierto y que los demás se equivocan. Todo el mundo funciona así. Cada mente crea su propio sistema conceptual y espera que Amma encaje en ese sistema.

«Es verdad que Amma intenta complacer a todos los devotos, que vienen a descargar en Ella sus penas, sufrimientos y temores.

Habéis observado cómo Amma se comporta con ellos para lograr que se sientan bien, para que se abran en Su presencia. Cuanto más se abran, mejor podrá Amma trabajar en ellos. Amma sacrificaría gustosa Su vida entera con tal de hacer felices a los demás. Sin embargo, Amma no cree que tenga que trataros de la misma manera, pues queréis dedicar toda vuestra vida a conocer a Dios. La mente debe ser sacudida continuamente hasta que se torne más cristalina que el agua, tan transparente que podáis percibir vuestra verdadera existencia, el Atman. En otras palabras, tenéis que liberaros de la mente. Pero no es fácil. La mente no desaparece por arte de magia. Se disuelve gracias al calor producido por *tapas* (austeridades), y este calor lo origina la disciplina del Maestro, unido a vuestro amor y adhesión a Él.

«Vuestra mente e intelecto no pueden comprender al Maestro y por eso lo consideráis extraño y contradictorio, pero entended que es sólo vuestra mente la que juzga de este modo.

«En el calor producido por *tapas*, la mente, junto con sus juicios y preocupaciones, se disuelve poco a poco, y es entonces cuando empezáis a funcionar a partir del corazón. Este proceso requiere una gran paciencia por parte del discípulo.

«Un verdadero Maestro sacrifica su vida entera a fin de elevar la consciencia de sus discípulos, de sus devotos y de toda la sociedad, pero también tiene que darse un cierto grado de compromiso por la otra parte. Tened paciencia y lo recibiréis todo del *Satguru*.

«No intentéis juzgar al Maestro a través del intelecto. Con seguridad vuestra apreciación será totalmente incorrecta. Dado que moráis en la mente y vuestros hábitos y tendencias son muy fuertes, insistiréis en tratar de resolver el misterio del extraño comportamiento del Maestro mediante la lógica y el razonamiento. Vuestras tentativas serán inútiles, hasta que al fin os sea revelado que el *Satguru* no puede ser comprendido a través de la mente, ni del intelecto. Os daréis cuenta de que la fe es el único camino.

Sólo se llega a conocerlo mediante la entrega y la inocencia propia de un niño.

«Los intentos por comprender al Maestro a través del intelecto, consumirán vuestra mente. La naturaleza de un *Satguru* es infinita, por tanto debéis considerar inútil cualquier tentativa mental de comprensión. Sólo de este modo os abriréis, os tornaréis mucho más receptivos. Este proceso requiere la práctica de austeridades (*tapas*), y es el amor y la aceptación incondicional de la forma externa del Maestro, lo que produce el calor de *tapas*.

«Es posible que os resulte extraño el Maestro, pero sólo lo es según vuestra mente. La identificación con la mente es la que crea en vosotros el sentido de extrañeza. Cuanto más os entreguéis a la disciplina del Maestro con un corazón lleno de intenso amor, antes descubriréis que la mente es precisamente la que actúa de modo extraño, y no el Maestro.

«La mente proviene del exterior. Es una intrusa en nuestra auténtica morada: el Ser. La mente, al ser un elemento ajeno, un parásito, provoca una irritación molesta. Esta picazón son los deseos de la mente. Actúa igual que cuando rascáis una zona que os produce picor. Al principio, sentís alivio, así que rascáis una y otra vez hasta que la herida y la zona que la rodea enrojecen y se infectan, aumentando de ese modo el dolor de la herida.

«La mente provoca una molestia semejante cuando está llena de emociones y deseos. Vais rascando hasta que toda vuestra vida se convierte, finalmente, en una herida infectada y purulenta. Para curar la herida, debéis extraer todo el pus acumulado. El deber de Amma es tratar la herida y extraer el pus. Así es como Amma muestra Su compasión hacia vosotros. Sin embargo, cuando lo hace lo consideráis algo extraño. Esta reacción no le molesta a Amma, ya que proviene de vuestra falta de comprensión. Os parecería más normal si Amma continuara aliviando la herida y dejando que la siguierais rascando. La elección es vuestra. Si lo único que pretendéis es un alivio momentáneo para vuestra herida y no su curación, la Madre no va a oponerse, pero más tarde sufriréis.

«Imaginad que vais al médico para curaros una herida y que éste os pusiera una inyección, tras la cual sentís mucho más dolor. Hasta es posible que la herida se llene de pus y que el dolor sea agudísimo. En ese caso, preguntáis al médico: «¿Por qué me duele tanto, si me ha aplicado una buena cura?» El médico respondería sonriendo: «No te preocupes. La inyección sirve para extraer todo el pus. Éste tiene que ser eliminado.» El médico está contento con la reacción de vuestro organismo, porque a través de estos síntomas sabe que el tratamiento está dando resultado. Aunque os parezca extraño que el médico se sienta satisfecho; sin embargo, no os atrevéis a culparle porque vuestro conocimiento es limitado. Él sabe lo que se hace, y es su deber hacer lo que considere más adecuado para vosotros. No debéis juzgar al médico, pues lo más probable es que lo juzguéis injustamente, dado que no sabéis nada de medicina. Él ha de curar una herida, en cuyo proceso interviene inevitablemente el dolor. Vuestro dolor presente tiene como finalidad eliminar todo el dolor. Si no sois médicos, ni sabéis nada de tratamientos médicos, las ideas que tenéis sobre cómo curar una enfermedad provienen únicamente de vuestra mente.

«Un maestro verdadero actúa como un médico. El sentimiento de confusión y el dolor que experimentáis se deben a la medicina espiritual que os está administrando para extraer el pus de las heridas del pasado.

«Los cortes y heridas externas no constituyen un gran problema. Sanarán pronto si se aplica el tratamiento adecuado. Sin embargo, las heridas internas son mucho más graves. Pueden destruir toda vuestra vida porque no sois conscientes, ni sabéis nada de ellas. Un médico corriente desconoce cómo tratarlas. Son heridas profundas, bastante antiguas, que precisan la intervención de un médico omnisciente, divino. Es absolutamente necesario un verdadero Maestro, alguien que sea capaz de ver todas vuestras vidas pasadas, alguien que sepa cómo tratar y curar vuestras heridas internas.»

Pregunta: «Amma, has comparado la mente con un elemento ajeno, un parásito. ¿Por qué es extraño? Por favor, ¿podrías desarrollar más esta idea?

Amma: «Siempre que un elemento extraño entra en nuestras vidas intentamos rechazarlo. Por ejemplo, si una mota de polvo se introduce en el ojo, procuramos extraerla. ¿Por qué? Porque no forma parte del ojo, no nos pertenece. ¿Y una enfermedad? Aunque se trate de un dolor de cabeza o de estómago, queremos superarlo porque nos resultan ajenos. El cuerpo los rechaza porque no forman parte de nuestra naturaleza. También la mente es un elemento parasitario, nos es completamente ajena y, en consecuencia, deberíamos librarnos de ella.

«Todos desean ser felices y encontrar la paz. En eso hay acuerdo. Sin embargo, para alcanzar la verdadera paz y felicidad es preciso ir más allá de la mente y de sus deseos. Es la mente la que produce dolor e inquietud. Se puede comparar a una herida. Cada vez que brota un deseo sientes una irritación en la herida mental. Cumplir el deseo equivale a rascar la herida, produciendo un alivio momentáneo, pero no te das cuenta de que, al rendirte a tus deseos, estás haciendo más profunda la herida de tu mente. Se infecta cada vez más. La mente seguirá constantemente exigiendo y deseando, y tú seguirás satisfaciendo sus deseos. Ese continuo rascar en la herida, sólo consigue que ésta se vaya agrandando.

Si persistes en frotar vigorosamente la mota de polvo de tu ojo, en vez de extraerla, sólo lograrás que aumente tu dolor e irritación. Retira la mota de polvo y te sentirás bien. De modo parecido, la mente es como una mota de polvo en el ojo, un elemento extraño.

Aprende a desembarazarte de la mente. Sólo entonces alcanzarás la perfección y la felicidad.

«Ser feliz y estar en paz son los objetivos de todos los seres humanos. Pero para alcanzarlos eligen caminos equivocados. Casi todos saben que no están experimentando la verdadera paz, ni la felicidad auténtica. Carecen de algo en sus vidas e intentan llenar ese vacío acumulando posesiones y riquezas. Pero el verdadero problema radica en la mente, ese parásito extraño que debería ser eliminado. Sin embargo, ¿quién puede hacerlo? Sólo alguien que sea un completo extraño para tu mente. El Maestro es ese Extraño. El *Mahatma*, el Maestro Perfecto, es quizás incomprensible para tu mente, pero conoce perfectamente bien tu mente y sus extraños modos de comportarse. El es el Maestro de todas las mentes, aunque para la tuya resulte, en verdad, un fenómeno muy curioso o sorprendente.

«Mientras subsista tu mente, te parecerá extraño el comportamiento de un *Mahatma*. Cuando lentamente empieces a controlar la mente y tus pensamientos, descubrirás que no había nada extraño en todo lo concerniente al *Mahatma*, sino únicamente en tu mente.

«La mente necesita ser agitada. Sólo alguien completamente extraño, con extrañas manifestaciones, sabe cómo agitar tu mente. Estás acostumbrado a la gente normal y a sus manifestaciones, las cuales también agitan tu mente. Pero esta agitación sólo es superficial, no es suficiente. La verdadera agitación debe sentirse en la parte más profunda de vuestra mente y sólo entonces podrá ser purificada. Ningún ser común puede llevar a cabo esta tarea, porque no puede conocer la rareza de vuestra mente, como lo hace un verdadero maestro. Un *Satguru* está más allá de los sentidos y de la mente. Por eso lo consideráis extraño. Pero sólo esa persona extraña, que trasciende la mente y los sentidos, puede producir la agitación de una manera efectiva, ayudándoos a eliminar vuestra mente y sus extrañas impresiones. Esta persona extraña no es otra que el Maestro. El *Satguru* atrae al discípulo con su amor y compasión, y después, lentamente, mediante modos y manifestaciones aparentemente extrañas, comienza la agitación.

«Hijos, hay un proverbio en Malayálam que dice: «Coge al pez después de agitar el agua». Si creas turbulencias en un estanque, todos los peces que viven en las diferentes zonas del estanque emergerán del barro y también desde sus escondites, pues oirán un ruido atronador y saldrán precipitadamente. Se producirá una agitación completa en todo el estanque. Cuando todos los peces hayan salido de sus escondites, el pescador lanzará su red y los capturará fácilmente. De forma parecida, el Maestro creará turbulencias en nuestras mentes, con extraños e incomprensibles métodos. Pero esta turbulencia hará salir todas las *vasanas* (tendencias) que están latentes en lo más profundo de vosotros. Sólo si estas *vasanas* se manifiestan, podremos darnos cuenta de su existencia y eliminarlas. Los extraños métodos del Maestro son usados deliberadamente para pescar tu mente. La turbulencia que el Maestro quiere que experimentes, sirve para mostrarte la cantidad de negatividad que acumulas dentro de ti. Cuando te des cuenta de la tremenda carga de negatividad que soportas, tendrás verdaderos deseos de desembarazarte de ella. Este hecho te ayudará a cooperar con el Maestro, porque ahora ya sabrás la causa-raíz de tu inquietud y la profundidad de tu herida. Ya no desearás llevar esa carga y querrás soltarla. Te será más fácil eliminarla, cuando tomes consciencia de lo que supone su negatividad. Cuando sepas que tu mente es la causa real de todo el dolor y sufrimiento, entonces serás capaz de renunciar a ella, por la Gracia del Maestro».

Capítulo 10

Un buen recordatorio

Un brahmachari quería abandonar el Ashram durante unos meses para pasar algún tiempo en soledad. Se lo había estado pidiendo a la Madre desde hacía tiempo. La Madre le había dicho: «¿Por qué te quieres ir? ¿Va a beneficiarte en algo? Amma no cree que ganes nada alejándote de este ambiente. Si tu objetivo es la Realización, éste es el mejor lugar. Pero si tú quieres actuar de acuerdo con tus *vasanas,* entonces está bien, adelante. El problema está en tu mente. Mientras lleves la mente contigo, allá donde vayas no conseguirás nada. Podrás cambiar de lugar y de situación, pero, a menos que detengas tu agitada mente, seguirás siendo la misma vieja persona, con tus hábitos y tendencias de siempre. La Realización del Ser estará fuera de tu alcance hasta tanto no aquietes tu mente. No necesitas cambiar de lugar o situación, necesitas la ayuda de una persona que haya logrado establecer el silencio interior. Sólo esa persona puede ayudarte a que seas consciente de tu verdadero problema para, así, librarte de él. Sólo esa persona conseguirá aquietar y silenciar tu mente».

El brahmachari, a pesar de todo, decidió marcharse. Salió del Ashram muy temprano una mañana, dejando una carta para la Madre que decía: «Amma, perdóname por desobedecerte. El deseo de estar solo es tan fuerte que no puedo resistirlo, él me obliga a partir. Oh, Madre Compasiva, por favor acéptame como Tu hijo y discípulo cuando vuelva».

Pero el brahmachari, que pretendía estar en soledad por lo menos durante tres meses, volvió al Ashram ese mismo día. Más tarde describió un incidente muy curioso que le obligó a renunciar a la idea de ausentarse del Ashram.

Con la esperanza de coger el primer autobús de la mañana para Kayamkulam, había cruzado en bote el canal e iba hacia la parada del autobús. De repente, media docena de perros llegaron corriendo delante de él y se detuvieron bloqueándole el camino. El brahmachari pensó que los perros eran inofensivos, de modo que decidió ignorarlos intentando seguir adelante. Pero los perros empezaron a ladrarle mostrando un aspecto feroz. El brahmachari agarró un palo que había por allí cerca, tratando de ahuyentarlos, pero este movimiento los enfureció y sus ladridos se volvieron aún más feroces. Algunos de los perros se acercaban amenazadoramente al brahmachari. Hubiera deseado asustarlos, pero fue él quien acabó asutándose, por lo que decidió soltar el palo. En cuanto dejó caer el palo, los perros dejaron de ladrar y se quedaron quietos; pero no estaban dispuestos a ceder. Seguían bloqueándole el camino y no se movían ni un milímetro. El brahmachari intentó por segunda y tercera vez proseguir su camino hacia la parada del autobús, pero todas las veces que intentaba dar un paso, los perros empezaban de nuevo a ladrar.

Estaba tan irritado el brahmachari con los perros que, en un determinado momento, decidió dar unos cuantos pasos amenazantes hacia ellos. Pero al hacerlo, uno de los perros se abalanzó sobre él y con un movimiento de relámpago le mordió la pantorrilla de la pierna derecha. No era una herida profunda pero sangraba. El brahmachari estaba aterrorizado por lo que acababa de ocurrir. De hecho, fue para él algo que le abrió los ojos. Pensó: «Esto debe ser un *lila* de la Madre porque no quiere que me vaya. Estoy desobedeciendo, pero no puedo desobedecer si la Madre no lo quiere. ¿Qué otra razón hay para que estos perros actúen de esta extraña manera?» Pensando así, y sintiéndose algo consolado, el brahmachari volvió al Ashram.

El brahmachari quería mantener en secreto este incidente. Decidió contárselo a la Madre más tarde, cuando surgiese la ocasión. Pero para su sorpresa, a la mañana siguiente, la Madre le preguntó: «Los perros te han enseñado una lección, ¿verdad?» La Madre se reía y continuó, «Hijo, que esto te sirva como justo castigo por tu desobediencia». Todos averiguaron enseguida lo ocurrido. Durante los dos días siguientes, cuando el brahmachari paseaba por el Ashram con un vendaje en la pierna, provocaba muchas risas allá donde fuese y los demás residentes se burlaban de él despiadadamente. Al ver su vendaje, la Madre se reía y decía: «Que esto te sirva de recordatorio». El brahmachari estaba muy arrepentido. Derramó abundantes lágrimas pidiéndole a la Madre su perdón.

Más tarde quiso saber cómo pudo ocurrir esto, y le preguntó a la Madre: «¿Por qué se comportaron los perros de aquella manera tan extraña? Era Tu voluntad la que se expresaba a través de ellos ¿verdad? ¿Pero es posible algo así?

La naturaleza omnipresente de un verdadero Maestro

La Madre contestó: «Hijo, ¿conoces la historia sobre cómo respondió la Naturaleza entera cuando el gran sabio Vedavyasa llamó a su hijo, Suka, instándole a que volviera? Desde que era un niño, Suka vivía apartado del mundo. Vedavyasa quería que su hijo se casara y llevara una vida normal como cabeza de familia. Pero Suka, que nació divino, se sentía fuertemente inclinado a vivir una vida de renuncia. Tan fuerte era que un día lo abandonó todo y marchó para convertirse en un *sannyasin.* Mientras *Suka* se alejaba, Vedavyasa llamó a su hijo por su nombre. Fue la Naturaleza quien respondió a su llamada: los árboles, las plantas, las montañas, valles, animales y pájaros, todos ellos le respondieron. Pero, ¿qué significa esta historia, en realidad?

«Una persona que se ha identificado con la Consciencia Suprema es también una con toda la creación. Ya no es solamente el cuerpo. Ella es la fuerza de la vida que brilla en y a través de toda la creación. Ella es esa Consciencia que presta su belleza y vitalidad a todo. Ella es el Ser que está inmanente en todo. Éste es el significado de la historia.

«Cuando Vedavyasa llamó a su hijo Suka, la Naturaleza respondió porque Suka era la Consciencia Pura, inmanente en todo lo que forma parte de la Naturaleza. Vedavyasa llamaba a Suka, pero Suka no era el cuerpo y, por tanto, no tenía nombre o forma. Estaba más allá del nombre y la forma. Él existía en todos, y los cuerpos de todas las criaturas eran el suyo. Estaba en todos los cuerpos y por consiguiente toda la Naturaleza respondió.

«Tú sólo has visto los cuerpos de los perros. Pero ¿qué había dentro de esos cuerpos? En cada uno de ellos habita el Atman. Puedes llamar perro a lo que ves, porque tiene la forma de un perro. Pero cuando seas consciente de la verdad, experimentarás que el perro y todo lo que existe en la creación está impregnado del Atman Supremo. Un verdadero *Mahatma* puede hacer que todas las cosas le obedezcan, ya sean seres conscientes o inconscientes. Todo es suyo, todo puede ser controlado por él. Nada es imposible para un *Mahatma*. Incluso un tablón de madera hará lo que él desee que haga. ¡Cuanto más un perro, que es mucho más inteligente! El *Mahatma* puede actuar a través del sol, de la luna, el océano, las montañas, los árboles y los animales. Puede expresarse a través del universo entero. Simplemente tiene que dar la orden. Una palabra, una mirada, un pensamiento o un toque bastan para hacer que todo obedezca.

«¿Conoces la historia de cómo Sri Krishna lanzó a toda una manada de vacas contra un poderoso demonio que venía a robar la manada? Hizo que las vacas se volvieran contra el demonio simplemente tocando la flauta. El demonio era siervo de Kamsa, el perverso tío de Krishna. Kamsa había intentado matar a Krishna de diversas maneras, usando a sus fieles demonios, uno tras otro, para que hicieran el trabajo. Pero todos sus intentos fallaron. Sus frecuentes fracasos hicieron que Kamsa se volviera todavía más vengativo. Un día llamó a otro demonio y le ordenó que matara todas las vacas que pertenecían a Krishna y a sus amigos.

«Cada mañana Krishna y los pastores de vacas solían llevarlas a pastar a las praderas. Las praderas estaban lejos de Gokul, donde vivían Krishna y Sus amigos. Un día, cuando las vacas pastaban felices en un bosque, apareció el demonio. Ante todo, quería llevar a las vacas a un lugar más adecuado donde poder utilizar sus poderes demoníacos. Su repugnante aparición bastó para atemorizar a las vacas, que corrían frenéticamente de un lado para otro. El demonio se las arregló para reunir a todo el rebaño y hacerlas correr en determinada dirección. Los pastores de vacas, amigos de Krishna, acudieron aterrorizados y a toda prisa al lugar donde estaba Krishna. Cuando le contaron lo que había ocurrido, Sri Krishna sonrió y a continuación tomó Su flauta, iniciando una bella y melodiosa música. Eso fue suficiente. En cuanto oyeron esa música melodiosa, las vacas, que corrían hacia donde el demonio les obligaba, se dieron la vuelta y comenzaron a perseguir al demonio. Había cientos y cientos de vacas. En aquel momento, los poderes mágicos del demonio perdieron, completamente, su efectividad sobre ellas. Así que al final, fue el demonio el que tuvo que huir de las vacas.

«El Santo Jnaneswar pudo hacer que un muro se moviera y que un buey cantara los *Vedas*.

«El dominio de la mente significa dominio sobre toda la creación, no solamente el dominio de tu propia mente individual. Te conviertes en el amo de todas las mentes, todas las mentes están bajo tu mandato. Eres el todo, y no la parte. Cuando eres consciente de esta realidad, ya no puedes sentirte separado de nada».

Refúgiate a los pies de un Maestro perfecto

En relación con el episodio del brahmachari que intentaba marcharse, la Madre explicó luego con más detalle: «En todo el mundo, la gente corre de un lado a otro buscando espiritualidad y la Realización. Quieren encontrar un lugar tranquilo y solitario, tal vez una cueva o un bosque, o una zona montañosa junto a un río. Lo primero que deben hacer es aprender a ser pacientes y acomodarse en algún lugar. No precisamente en un lugar de su agrado, sino a los pies de un ser capaz de hacerles ver que el origen de sus problemas no se encuentra en el exterior de ellos, sino en su interior. Alguien capaz de tomarlos de la mano y conducirlos a la meta. Alguien capaz de hacerles sentir que no están solos, que su Maestro, dotado de un poder espiritual infinito, estará siempre allí para ayudarlos y guiarlos amorosamente.

«Éste no es un camino fácil, en él habrá dolor. Pero no es conveniente que el aspirante sienta al principio demasiado dolor, ya que podría retroceder o abandonar su camino. Hoy en día es difícil encontrar aspirantes competentes. Existieron hace mucho tiempo, cuando en la sociedad prevalecía la verdad y la fe. Su deseo por llegar a la meta era tan fuerte que soportaban con alegría la estricta disciplina del Maestro. Aquellos buscadores tenían una gran fe y una entrega total. Pero las cosas han cambiado. La fe y la entrega se han quedado en meras palabras. Palabras, más que hechos, es la norma que impera en esta edad moderna. Las tendencias (*vasanas*) de la mente son más fuertes que antes. Nadie quiere disciplinarse. Todos quieren conservar su ego, pues lo consideran un bien preciado. En lugar de verlo como una carga, le otorgan un gran valor. No sienten la pesadez de su ego. Se sienten cómodos dentro de su pequeña y dura concha. Prefieren no salir de ella para así encontrarse seguros. Creen que están bien protegidos donde están. Para ellos, lo que hay más allá de la concha de su ego es aterrador, desconocido y, por lo tanto, inseguro. Consideran que todo lo que no puede controlar su ego personal no es para ellos, sino para aquellos que no son capaces de hacer otra cosa en la vida».

Hace falta valor para entregarse

«Rendirse a un Maestro no es fácil. Se requiere valor. Es como saltar a la corriente de un río. El Maestro es el río que fluye. Una vez que saltas en él, la corriente te llevará inexorablemente al mar. No hay escape. Puedes luchar e intentar nadar contra corriente, pero la fuerza del río te llevará inevitablemente al océano -a Dios o el Ser- tu verdadera morada. Saltar es rendirse. Se puede comparar a la muerte del cuerpo y de la mente, lo cual exige una actitud mental valiente y decidida.

Tal vez no te lances ahora, porque aún no estás preparado para saltar a las profundas aguas del río. De momento, quizás prefieras permanecer junto al río disfrutando de su belleza, deleitándote en la suave brisa, en el borboteo constante del agua que corre, en la fuerza y el encanto del río. No hay nada malo en ello. La corriente de agua no te obligará a que saltes, puedes permanecer allí todo el tiempo que quieras, pues tampoco te va a rechazar. No va a decirte: «¡Ya basta, márchate! Hay una larga lista de espera». Ni tampoco te dirá: «Está bien, ha llegado el momento. O saltas ahora mismo, o te hago saltar». No, nada de esto sucederá. Todo depende de ti. Tienes plena libertad para saltar o quedarte en la orilla. A pesar de todo, el río sigue allí, siempre dispuesto a aceptarte y a purificarte en sus aguas.

«El río del Maestro no tiene ego. No piensa: «Estoy fluyendo, soy poderoso y bello. Tengo el poder de llevarte al océano. De hecho, soy el océano. ¡Mira cuánta gente se baña, nada y se siente dichosa en mí!» No, el río del Maestro no tiene tales sentimientos. Se contenta con fluir porque esa es su naturaleza.

«Pero una vez que te zambullas en él, la fuerza de su corriente te arrastrará como si fueses un cuerpo sin vida. Te sentirás tan impotente que no tendrás otra alternativa que permanecer quieto, y dejar que el río te lleve a donde él quiera. Tienes plena libertad de elección: puedes quedarte en la orilla o sumergirte. Pero una vez que das el salto ya no tienes elección; perderás tu individualidad y abandonarás tu ego. Entonces desaparecerás y descubrirás que estás flotando en la Consciencia Pura.

«Así que eres libre de quedarte en la orilla. Pero ¿cuánto tiempo? Tarde o temprano tendrás que regresar al mundo, a no ser que te decidas a dar el salto. Incluso si vuelves al mundo, la belleza y encanto del río son tan atractivos y tentadores que te harán volver una y otra vez. Hasta que llegue un día en el que sentirás la tentación de dar ese salto final. Y por fin te sumergirás. Esto es ineludible, tiene que ocurrir.

«Mientras permaneces en la orilla, el río te inspirará para que cantes sus alabanzas y describas su belleza. Podrás reflexionar sobre él, narrar innumerables relatos en torno al río y explicar su historia. Pero estarás describiendo el río y relatando acontecimientos sobre él, sin haberte sumergido ni una sola vez en sus aguas. Y hasta tanto no entres en él, todas tus explicaciones sobre sus grandezas, carecerán de sentido. Cuando al final te sumerjas, después de entregarte al Río de la Vida –al Maestro Perfecto- te quedarás sin palabras, en silencio. No tendrás nada qué decir.

«La entrega te convertirá en un ser silencioso. La entrega destruirá tu ego y te ayudará a experimentar tu insignificancia frente a la omnisciencia divina. Cuando compruebes que no eres nada, que eres completamente ignorante, entonces no tendrás nada qué decir. Lo único que te queda es una fe total e incondicional. Sólo puedes inclinarte con total humildad. Para obtener el

Conocimiento, es preciso ser humilde. El ego y el Conocimiento son incompatibles. La humildad es la señal inequívoca del verdadero Conocimiento.

«Algunas personas son grandes oradores, pero suelen estar dotadas de grandes egos. Aunque hay excepciones, su tendencia general es la de hablar mucho y hacer poco. ¿Por qué? Porque no se han entregado a una realidad superior, a los más elevados valores de la vida. No han aceptado de verdad la naturaleza todopoderosa de Dios, ni son conscientes de su propia insignificancia, aunque sean capaces de hablar sobre ello. Esas personas pueden hacer mucho bien al mundo, pero también mucho mal.

«Amma no pretende generalizar. No todos son así. Hay personas que se han entregado a Dios, pero son sólo unos pocos que podrían contarse con los dedos de la mano. Por lo general, se tiende a ser lo más egocéntrico posible.

El ego mata a tu verdadero yo

«El mayor problema en el mundo de la política y de los negocios es la atroz competencia que impera en ellos. En el seno de los partidos o entre compañías rivales, cada uno va a lo suyo y se esfuerza por establecer su supremacía sobre los demás. En tales situaciones, te ves obligado a mostrar agresividad hacia tus rivales. Si deseas dominarlos, tendrás que demostrarles lo que vales. Estar dispuesto a todo con tal de alcanzar tus objetivos. Ni siquiera te importará si los métodos empleados son inhumanos. Y en esta lucha por sobrevivir, pierdes tus cualidades humanas. Te transformas casi en un animal. Pierdes el corazón y dejas que una dura roca ocupe su lugar. Dejas de interesarte por tus semejantes, sacrificando de este modo tu ser real. Amma tiene una historia que contar a este respecto:

«Un hombre estaba implicado en un proceso judicial. Pensaba que podría perder el caso y desesperado le pidió a su abogado que sobornara al juez, enviándole un juego completo de palos de golf. El abogado, alarmado, respondió: «El juez tiene en gran estima su honestidad y es insobornable. Una acción de este tipo sería contraproducente, y ya puedes imaginar su resultado».

El hombre ganó el caso, y para celebrarlo invitó a su abogado a cenar. Durante la cena, le expresó su agradecimiento por el consejo dado, en relación con los palos de golf. «De hecho, los envié al juez», le dijo al abogado, «pero los envié de parte de nuestro adversario».

«El ego convierte la vida en un campo de batalla. Y en él sólo hay enemigos, no cuentan los amigos, ni el prójimo, ni los seres más queridos. No existe el amor, ni el interés por los demás. Cada uno piensa únicamente en cómo destruir al otro. Jamás se perdona, ni se olvida. Incluso aquellos que parecen estar de tu parte intentan derribarte. De hecho, ellos razonan de la misma manera que tú y padecen los mismos temores que tú. Tanto es así que primero destruyes a tus adversarios y, después, acabas destruyendo a tus propios aliados. El poder y el dinero nos ciegan. ¿Por qué tiene que haber toda esta agitación? Su causa reside en la falta de entrega y de humildad. Cada uno, imbuido en su propia grandeza, se imagina que es un ser superior. Los esfuerzos por afirmar la superioridad, terminan siempre en destrucción.

«Recientemente, un actor de cine fue a visitar a Amma para hablarle de las dificultades que encuentra para sobrevivir en el mundo del cine. Le dijo a Amma: «La gente tiene la impresión de que la profesión cinematográfica es una de las mejores carreras que existen y que la estrellas de cine tienen una vida feliz y satisfactoria. Con gran dolor relató a Amma que el cine es una de las peores profesiones a causa de la envidia y la competitividad que reina entre los actores. Los que están en la cima no permiten que los demás actores triunfen. Numerosos actores y actrices de talento están a merced de productores, directores y de grandes estrellas. Entre ellos gobierna una descarada hostilidad, cada uno se esfuerza por provocar la caída de los otros.

«A veces la gente oculta sus egos para lograr sus fines. Tomemos el caso de una persona que desea encontrar trabajo. Tras largo tiempo desempleado, se presenta a una plaza y consigue una entrevista con el propietario de una fábrica. En el transcurso de la entrevista, oculta cuidadosamente su ego, mostrándose muy humilde. Fácilmente acepta todas las condiciones que le impone el propietario y firma el contrato. Incluso promete varias veces que nunca participará en ninguna huelga o protesta que pudiera ser instigada contra la dirección, y que cumplirá rigurosamente todas sus obligaciones. Pero una vez conseguido el puesto, vuelve a pensar en lo importante que es y en la necesidad de que los otros se lo reconozcan. Empieza a romper todas sus promesas y, con suma facilidad, olvida el compromiso que tanto reiteró. Deja que el ego salga de su escondite.

«Cuando te sometes a una consciencia superior, renuncias a toda reivindicación, te liberas de todo aquello a lo que te habías aferrado. Poco importa el éxito o el fracaso. Lejos del deseo de sentirte importante, anhelas no ser nada, absolutamente nada. Solamente entonces te sumerges en el Río de la Vida.

«El ego o la mente es lo que te hace sentir importante. A menos que sea eliminado, no podrás adentrarte en lo profundo de tu propia consciencia. Tienes que convertirte en nada. No debe quedar ni el más leve rastro de «yo soy algo». Mientras seas algo, no entrarás en el reino de la Consciencia Pura.

La belleza reside en el olvido de sí mismo

«El ego sólo puede destruir. Lo destruye todo, hasta la vida misma. Aniquila la bondad y la belleza. El predominio del ego entraña fealdad, pues por propia naturaleza es repulsivo. Una persona egocéntrica puede ser considerada hermosa y altamente capaz; sin embargo, siempre habrá en ella algo desagradable.

«Ravana, el rey demonio, era hermoso, majestuoso y poseía mucho talento. Era músico y un gran cantante. Era capaz de tocar maravillosamente varios instrumentos a la vez. También era compositor y escritor, además de erudito. Pero siempre había algo repulsivo en él. A pesar de contar con todas estas cualidades, poseía al mismo tiempo una naturaleza desagradable, a causa de un ego extremadamente fuerte. Se consideraba el más grande de todos. La creencia de «soy algo grande», siempre engendra en la gente una cierta fealdad.

«Vedavyasa, por el contrario, no era guapo. No obstante, su presencia era divina y excepcionalmente hermosa porque era la encarnación misma de la humildad y la simplicidad. No tenía ego. Era genuinamente grande, pero nunca pretendió manifestarlo. De sí mismo sólo pensaba que no era nada, y por eso lo era todo.

«Vedavyasa era un alma completamente entregada, en tanto que Ravana no se había entregado en absoluto. Ravana tenía un ego excesivamente inflado, mientras que Vedavyasa carecía por completo de ego. Era la Consciencia Pura personificada. La diferencia era enorme».

Todos se quedaron como cautivados por las palabras de Amma. No dejaban de contemplarla. A Ella, a la Madre Incomprensible.

Brahmachari Pai inició una canción:

Ammayennullora Ten Mori

Entre los innumerables nombres que existen,
¿alguno iguala la miel del dulce nombre de Amma?
¿Acaso existe algún reino,
donde depositar mis pensamientos
que no sea el de Tu amor eterno?

Oh Madre, si abandonas a este desvalido
que vaga por las solitarias riberas de la noche,
el jardín de mi espíritu se convertirá
en morada de interminables sufrimientos.

Oh Madre, mi único sustento,
¿quién, sino Tú, conoce
mis más profundas penas?
¿De qué servirá meditar a Tus pies de loto,
si nosotros, los que Te adoramos,
somos arrastrados a un despreciable destino?

Oh infinita Luz, Luz bendita,
sólo suplico que me acaricies
con el suave roce de Tu mirada.
Permite que mi mente fluya
por el sagrado río de Tu Néctar gozoso.

Capítulo 11

Una tarde durante el *Devi Bhava,* Balu no podía cantar a causa de un fuerte dolor de garganta. Así que decidió quedarse en el interior del templo meditando, repitiendo su mantra y contemplando el rostro radiante de la Madre.

Saumya (Swamini Krishnamrita Prana) se hallaba junto a la Madre, sirviéndole como lo hacía siempre durante el *bhava darshan.* Al principio Gayatri y Saumya eran las únicas brahmacharinis que residían permanentemente en el Ashram. Antes de su llegada, en los primeros tiempos, eran las mujeres devotas del lugar las que servían a la Madre durante los *Bhavas* de Krishna y Devi. Cuando, a comienzos de 1980, Gayatri llegó para quedarse definitivamente, ella empezó a atender las necesidades personales de la Madre y también a servirle durante las Manifestaciones Divinas. Esta última tarea pasó más tarde a Saumya, cuando se convirtió en residente permanente a finales de 1982.

En aquella época, la Madre solía llamar a alguno de los brahmacharis para que se sentara a Su lado, a Su izquierda, durante el *Devi Bhava.* Eran momentos muy preciosos.

Al invitar a un brahmachari a sentarse cerca de Ella, la Madre solía aplicarle pasta de sándalo entre sus cejas. Este toque tenía un efecto maravilloso: una inmensa paz invadía al brahmachari, el cual quedaba absorto en profunda meditación. Ella les otorgaba deliberadamente esta bendición. El primer grupo de brahmacharis tuvo la gran suerte de vivir esta experiencia. A veces, llamaba a uno de ellos y le dejaba apoyar la cabeza en Su regazo. Mientras se hallaba allí, el brahmachari solía tener maravillosas visiones y otras experiencias espirituales. Poder estar cerca de la Madre durante el Devi Bhava se consideraba, desde luego, como un gran privilegio y como una bendición. No fueron pocas las ocasiones en las que la Madre concedía esta bendición a un devoto, padre de familia.

Dado que poder sentarse cerca de la Madre durante el *Devi Bhava* era considerado como una expresión especial de Su amor, todos los brahmacharis esperaban con ansiedad la llamada de la Madre. De los seis o siete brahmacharis que entonces vivían en el Ashram, la Madre sólo invitaba a uno de ellos en cada *Devi Bhava*. Algunos días ignoraba por completo a los brahmacharis y pedía a un devoto, padre de familia, que se acercara y se sentase junto a Ella. Cuando los otros se daban cuenta de que por esta vez habían perdido su oportunidad, se volvían extremadamente celosos del elegido. Sin embargo, al correr del tiempo, la Madre abandonó completamente esta práctica.

Los recuerdos de aquellos días siguen siendo frescos y vivos entre los brahmacharis. Las meditaciones espontáneas y profundas que solían experimentar en aquellas ocasiones eran extraordinarias. A veces la Madre dedicaba tiempo para contestar a las preguntas de la persona que se sentaba a Su lado.

Esta fue una de esas noches afortunadas para Balu.

En el pórtico del templo se cantaban *bhajans* con gran intensidad. Pai cantaba:

Oru Pidi Sneham

He vagado tras las sombras
anhelando un poco de Amor.
Cuando iba a sujetarlo,
ha resbalado de mis manos.
Oh Madre, aquí estoy
vagando de nuevo,
Oh Madre.

Mi corazón se parte
golpeado por las olas
impetuosas del dolor.
Oh Madre
¿Dónde Te ha de buscar
esta alma acongojada?
¿Acaso Te soy indiferente?

Oh Madre, ¿Te soy indiferente?
Mientras bebo sin cesar
las lágrimas del dolor,
ya no dormiré más.
Oh Madre, ten piedad de mí
haz que despierte de nuevo
y me reencuentre
a Tus pies de loto.

Balu estaba sentado junto al muro, a poca distancia de la Madre. Contemplaba Su hermoso semblante y pensaba para sí: «Qué maravilloso sería si la Madre me llamase ahora y me dejara sentar junto a Ella.» De repente, la Madre le dirigió una mirada, y con una sonrisa le invitó a acercarse y a sentarse a Su lado. La felicidad de Balu era inmensa. La idea de que la Madre había respondido tan rápidamente a su plegaria le hizo sentirse totalmente abierto y receptivo.

Sin perder un instante, Balu se acercó a la Madre y se sentó en el suelo cerca de Su *peetham*. Ella le miró con una radiante sonrisa y le dijo: «Amma sabía que tenías un gran deseo de sentarte junto a Ella». Los ojos de Balu se quedaron fijos en el rostro de la Madre, derramando lágrimas en silencio. Cuando la Madre le miró de nuevo la compasión hacia Su hijo se desbordó, y lo expresó poniendo suavemente la cabeza de Balu en Su regazo. Mientras lo acunaba en Su regazo, siguió dando *darshan* a los devotos.

Desde el mirador del templo se podía oír a Pai recitando las siguientes estrofas de *Amritanandamayi Stavamanjari*, como introducción a una canción:

Amritanandamayi Stavamanjari

Me postro ante Ti, Oh Madre
Que eres la Esencia del Aum.
la Infinita, la Eterna
Existencia-Conocimiento-Dicha,
El Absoluto que resplandece
en el templo de los corazones de los Sabios...

Tú que otorgas la dicha
a los discípulos constantes y sinceros
inmersos en meditación...

Tú que inspiras en ellos
la ferviente devoción
y haces surgir en el alma
el canto devocional...

Tú, la Madre, siempre adorada
por todos los virtuosos.

Balu levantó la cabeza del regazo de la Madre y una vez más contempló Su rostro radiante. Al mirarle Ella con sus compasivos ojos, Balu le preguntó: «Amma, ¿he estado contigo en todas Tus encarnaciones anteriores?»

La Madre sonrió y contestó: «Hijo, siempre has estado con Amma. Todos los que ahora están con Amma estuvieron con Ella en todas Sus encarnaciones anteriores. De no ser así, ¿cómo podrías sentir este vínculo tan fuerte y espontáneo hacia Ella?»

Pregunta: «Amma, algunos dicen que es el Gurú el que elige al discípulo; otros, que el discípulo elige al Gurú ¿Quiénes tienen razón? ¿Me elegiste Tú a mí o fui yo el que te eligió? ¿Te encontré yo o me encontraste Tú? Por favor, podrías explicármelo.»

Amma: «Hijo, si Amma te dijera que fue Ella la que te ha elegido, ¿te lo creerías con una fe ciega y absoluta, sin ningún tipo de duda? No, Amma considera que no. En el estado en el que te encuentras ahora, es posible que lo creas momentáneamente, pero la mente no tardaría mucho en plantear objeciones. Aplicaría la teoría causa-efecto, y una vez adoptada esta forma de pensar, comenzarías a razonar: «Bien, así que Amma afirma que Ella fue la que me encontró. Pero si ocurrió así, debió ser por efecto de algo. ¿Cuál es, pues, la causa? Ésta no puede ser otra que los méritos (*punya*) que he adquirido o las austeridades (*tapas*)que he realizado.» Con tales pensamientos, permitirás que el ego se vaya infiltrando poco a poco.

«Todo esto puede parecer muy lógico, pero la mejor actitud para tu crecimiento espiritual consiste en pensar: «Dios me eligió. Mi Maestro me eligió. Estaba perdido y Él me encontró. Mi Maestro que es Todo para mí».

Pregunta: «¿Alcanzaré la Realización en esta vida o tendré aún que volver a nacer?»

Amma: «Hijo, ¿serás capaz de hacer el suficiente esfuerzo para destruir tu mente y todos tus deseos en esta vida? Amma siempre estará a tu lado para guiarte y ayudarte. Pero ¿serás capaz de hacer regularmente y sin falta tu *sadhana*, tal como Amma te aconseja? Si puedes hacerlo, Amma da por supuesto que no tendrás que renacer nuevamente.

«Hijo, si realizas tus prácticas espirituales siguiendo exactamente las instrucciones de Amma, alcanzarás definitivamente el estado de Realización en tres años. Amma te lo puede garantizar. Entonces no habrá necesidad de volver. Pero la mente debe desaparecer; el ego debe morir. Si queda sin eliminar el más mínimo rastro de la mente, tendrás que volver.

Pregunta: «Amma, no me da miedo volver. Sólo quiero estar contigo, ¡aunque tenga que nacer muchas veces más!»

Amma: «Hijo, si realmente estás con Amma durante esta vida, definitivamente estarás con Ella en todas Sus encarnaciones futuras. De ello no hay duda».

Pregunta: «Amma, ¿qué quieres decir con «si realmente estás con Amma»? ¿Acaso no estoy ahora contigo?»

Amma: «La obediencia incondicional a Amma es lo que significa «estar realmente con Ella». Estar en presencia de Amma sin ser conscientes de los principios espirituales que Ella representa, no es estar realmente con Ella, es olvidarse de Ella. Tener presente de verdad a Amma supone obedecer Sus palabras y ponerlas en práctica. No obstante, al estar en presencia de un *Mahatma*, se produce una purificación espontánea.»

Balu levantó la vista hacia Amma y dijo: «Amma, un último ruego. Bendíceme para que siempre pueda estar en Tu Divina Presencia.»

La Madre colocó Su dedo índice en un pequeño recipiente con pasta de sándalo. A continuación, puso la punta de Su dedo entre las cejas de Balu y éste se sintió inmensamente dichoso. Cerró los ojos, mientras la Madre seguía presionando Su dedo sobre su tercer ojo. Balu se quedó absorto, en un estado de profunda meditación.

Los brahmacharis entonaban un canto llamado:

Brahmanda Pakshikal

Oh Madre
Tú eres el Árbol glorioso del Conocimiento.
Sobre el que se posan las galaxias
como bandadas de pájaros.

Hasta que llegue a Ti
por el conocimiento del Ser,
déjame crecer a Tu sombra.
Oh Madre de Poder Supremo
Yo te adoro
pues sé que el cielo azul
es Tu cabeza,
la tierra Tus Pies
y la atmósfera entera
Tu cuerpo.

Oh Madre,
glorificada en todas las religiones
que eres la Esencia de los cuatro Vedas
y la Morada Última
en la que todos los nombres y formas
se disuelven finalmente,
Ante Ti me postro
con toda humildad.

Al final del Devi Bhava, la Madre llamó a Dattán, el leproso, para que recibiera Su *darshan*. La manera cómo Amma se ocupó de él fue conmovedora y causó un gran asombro. Le dedicó mucho más tiempo y atención que a cualquier otro.

Dattán subió hasta donde estaba la Madre y se postró a Sus pies. La Madre lo levantó, y puso su cabeza en Su regazo. Después de un rato, le levantó con suavidad la cabeza e hizo que se apoyara en su hombro. Entonces Ella empezó a lamer sus heridas supurantes. Resulta inimaginable este acto de suprema compasión. Para aquellos que fueron testigos de lo que estaba ocurriendo, fue horrible y, a la vez, profundamente conmovedor. Un devoto que estaba presente se desmayó y fue necesario sacarlo fuera. La Madre pidió entonces a los demás devotos que abandonaran el templo. Lo que hizo a continuación fue asombroso. Hizo que Dattán agachara la cabeza y Ella, sujetándola entre Sus manos, le mordió una herida profundamente infectada que tenía en la frente. Tras haber succionado la sangre y el pus, escupió en un recipiente que la brahmacharini Saumya sostenía junto a Ella. Después de repetir esta escena unas cuantas veces, tomó cenizas sagradas y las frotó por todo el cuerpo del leproso. La Madre le abrazó una vez más con gran afecto y, finalmente, salió hacia la puerta abierta del templo para lanzar pétalos de flores sobre los devotos, señalando, así, el final del Devi Bhava. Es preciso añadir que Dattán se curó por completo de la lepra. Su única medicina fue la saliva de la Madre. Todas sus heridas desaparecieroN, œnicamente las cicatrices permanecieron visibles sobre su cuerpo.

Capítulo 12

No por mérito propio, sino por su gracia

Al día siguiente del *Devi Bhava*, el Ashram se hallaba menos concurrido. Balu, Venu, Ramakrishnan, Rao, Srikumar y Pai[10], sentados delante de la sala de meditación, rodeaban a Amma que acababa de bajar de Su habitación. Balu aprovechó la oportunidad para preguntar, «Amma, anoche durante el *Devi Bhava*, cuando te pregunté si era el discípulo quien elegía al Maestro o si era a la inversa, Tú respondiste que siempre era mejor para el crecimiento espiritual del discípulo pensar: «Dios ha sido quien me ha elegido». ¿Podrías explicarnos algo más sobre esta cuestión?»

Amma: «Hijo, si crees que tú has elegido a tu Maestro, este pensamiento reforzará tu ego. No puedes elegir a tu Maestro a menos que él lo quiera. Pensar: «Yo he elegido a mi Maestro», sería un acto de pura vanidad. Supondría que tú también podrías abandonarlo cuando quisieras. Pero, ¿cómo podrías tú elegir un Maestro, si Él está más allá de tu capacidad de comprensión? Antes de aceptar o rechazar una cosa, juzgas si es buena o mala para ti. Sólo la eliges si es buena. También puedes probarla durante un tiempo, y si no te interesa, te deshaces de ella. Una elección de este tipo requiere una gran reflexión. Sin embargo, cuando un discípulo mira por vez primera a un Maestro y siente la fuerza de Su amor, no precisa reflexión alguna. La atracción espiritual que ejerce el Maestro hace que el discípulo se entregue

[10] A Balu se le conoce actualmente como Swami Amritaswarupananda, a Venu como Swami Pranavamritananda, a Ramakrishnan como Swami Ramakrishnananda, a Rao como Swami Amritatmananda, a Srikumar como Swami Purnamritananda, y a Pai como Swami Amritamayananda.

incondicionalmente. Para el verdadero amor y la entrega, el proceso mental constituye un gran obstáculo.

«Sin embargo, el Maestro no es un objeto, ni una persona limitada. El *Satguru* es tu propio Ser, el Ser de todo. Es el Infinito.

«¿Cómo puede el río elegir el mar? Inevitablemente fluye hacia el mar. Las aguas de todos los ríos se dirigen hacia el mar y acaban integrándose en él. La atracción ejercida por el mar es tan infinitamente poderosa, que los ríos sólo pueden fluir en dirección al mar.

«Del mismo modo, vosotros os sentís inevitablemente atraídos por el Maestro Supremo. Su poder infinito os atrae y, por tanto, fluís hacia él. El poder del Maestro siempre es anterior a cualquier decisión que pudierais adoptar. El poder sólo le pertenece a Él. Por ello, no deberíais atribuiros mérito alguno.

«Sois tan sólo un minúsculo fragmento de limadura de hierro que es atraído, inevitablemente, por el imán omnipotente de la gloria espiritual del Maestro. Una limadura de hierro no tiene otra alternativa. Una vez situada bajo la fuerza magnética del imán, no puede optar entre permanecer o dejarse atrapar. A medida que el imán la atrae hacia sí, sólo puede desplazarse en esa dirección. De igual manera, cuando el Maestro Supremo ejerce Su poder de atracción sobre vosotros, no tenéis alternativa. No os podéis resistir. Así de simple es.

«El Maestro te saca del polvo y te eleva al estado en el que él mismo se sitúa constantemente. Por tanto, sería más adecuado pensar: «Yo no lo he elegido. Ha sido Él quien me ha elegido a mí». Pero también entraña un peligro, ya que poco a poco surgirá la idea de: «Soy el elegido. Debo tener algún don especial». También es peligroso, porque al pensar así olvidas, con suma facilidad, el papel que desempeña la Gracia del Maestro, Tal vez creas que si el Maestro te ha elegido y te ha demostrado Su amor, ya tienes pleno derecho a ser considerado Su discípulo. Este razonamiento inflará fácilmente tu ego. El ego aparece de forma mucho más sutil en una persona espiritual, que en una persona de vida mundana.

«Es preferible pensar: «Sólo por la Gracia de mi Maestro estoy aquí, junto a Él. Y no ha sido por mérito propio, sino por Su amor. Ha sido un don suyo. Fue el Maestro quien me encontró, cuando vagaba completamente perdido y sin esperanza, pero por su Gracia y compasión estoy aquí ahora. Aunque no merezco nada, Él me otorga su Gracia divina». Esta actitud te hará humilde y te será muy útil para erradicar el ego. Lo importante es que conserves constantemente esta idea. Como la mente y la fuerza de atracción de las *vasanas* (tendencias) son muy poderosos, es sumamente fácil ser presa de ellos y olvidarse de la Gracia del Maestro. La humildad es la verdadera meta de la vida espiritual, y es también el único camino hacia Dios. Si, por el contrario, sientes que fuiste elegido por tu Maestro, pronto empezarás a pensar: «Habiendo tanta gente en el mundo, mi Maestro me ha elegido precisamente a *mí.* Debo haber adquirido grandes méritos o poderes espirituales en mi vida anterior. Ésa debe ser la razón por la que me ha elegido a mí y no a otro. Nadie, excepto yo, es capaz de hacer el trabajo que estoy haciendo en este mundo. Él deseaba que fuera yo, y por eso estoy aquí».

«Tales pensamientos pueden trastornarte y hacerte retroceder. Adquirirás, además, un ego gigantesco, sumamente peligroso. Con tal actitud, podrás sentirte muy importante. Tu personalidad quedará desfigurada por tu ego. Un verdadero devoto o un discípulo auténtico posee una gran humildad, lo que le confiere una especial belleza espiritual. La belleza espiritual se asienta en la humildad.

«El Maestro te elige para salvarte. Su elección debes considerarla como un don que, de hecho, no mereces. No es un mérito tuyo, te ha sido dado por Su gracia y Su bendición. Si no eres consciente de este hecho, el ego se irá infiltrando lentamente sin que te des cuenta.

«Se debe tener la suficiente humildad para reconocer: «Yo no soy nada, Tú lo eres todo.» Sólo cuando sientas que no eres nada, te convertirás en Todo. Mientras creáis que sois algo, no seréis nada.

Guárdate del ego sutil

Pregunta: «Amma, has dicho que el ego de una persona espiritual es muy sutil y que puede incluso empujarnos de nuevo al mundo. ¿Nos podrías ampliar esta idea?

Amma: «Hijos, el simple hecho de pensar: «Soy espiritual, soy un ser espiritualmente avanzado o soy abnegado», puede suponer un gran impedimento en vuestro progreso espiritual. Esos pensamientos proceden también del ego, pero actúan de una forma mucho más sutil. Tal vez pienses: «Soy grande porque he renunciado a todo. No soy como toda esa gente mundana que aún sigue inmersa en el cenagal del materialismo. ¡Qué ignorantes!» Tal vez te consideres superior a todos aquellos que ves como mundanos. Si te dejas atrapar por tales pensamientos, estas demostrando únicamente tu inmadurez. En ese caso, eres tú el ignorante. Aquellos que viven mundanamente puede que sean unos ignorantes, pero ellos no siguen un camino espiritual; mientras que tú, que se supone que estás en el camino espiritual, eres un ignorante desde el punto de vista de la espiritualidad. Esos pensamientos proceden del ego, es necesario que sean completamente erradicados. Si aceptas la guía de un Maestro perfecto, no es posible alimentar esta clase de orgullo. El Maestro notará de inmediato su aparición y lo destruirá. El ego sutil es mucho más poderoso y difícil de eliminar que cualquier otro.

«Una persona mundana se enorgullece de sus logros en la vida y le gusta hacer ostentación. Su ego nace de su apego a los objetos del mundo externo. Tiene una casa grande y hermosa a la que está apegado y de la que se siente muy orgulloso. La casa es un alimento excelente para su ego. También se siente orgulloso de su poder, riqueza y reputación, e incluso le gusta proclamarlo a los cuatro vientos. Puedes apreciar cierto aire de orgullo en su forma de andar, de hablar, de comportarse y, también, a través de su presencia personal, en su forma de estar. Cuanta más riqueza y poder acumules, más aumentará tu ego. Ya seas rico o pobre, la diferencia de ego es únicamente cuestión de grado.

«Además, a más pensamientos, le corresponde más ego. Esta es la razón por la que los eruditos, pensadores y oradores son a menudo más egocéntricos que la gente común. Las personas que gozan de una elevada posición social suelen tener un ego muy poderoso, a menos que tengan una actitud de entrega. Están habituados a escuchar alabanzas por las grandes empresas que acometen. Por lo general, cuanto más famoso seas, más fuerte será tu ego, ya que se incrementa a través de todo ese reconocimiento social. Así les sucede a muchas personas que triunfan en el mundo. En ellos, el ego es bastante evidente. Es fácil observarlo a través de sus palabras y de sus actos. No lo pueden ocultar. Es tan poderoso que no logran disimularlo. Existen, no obstante, otros que aunque hayan alcanzado una determinada fama y un reconocimiento, siguen siendo humildes. Pero son raras excepciones.

«Es muy natural que la gente que lleva una vida volcada en lo material sea egoísta. Es excusable porque carecen de una adecuada comprensión espiritual. Pero no es éste el caso de las personas espirituales que dedican su vida exclusivamente a ese fin. Si eligen este modo de vida, deben ser humildes y carentes de ego.

«Por desgracia, puede ocurrir que un aspirante espiritual aprenda a ocultar su ego y finja una gran humildad. Se esfuerza en no mostrar su ego, porque sabe que esta actitud no está bien en un buscador espiritual y los demás lo rechazarían. Lo mismo ocurre en el mundo, pero hay una diferencia: una vez que te reconocen como experto en algún campo, la sociedad te necesita y espera que muestres tu ego. Puedes hablar y actuar amparado en tu ego, porque te salva tu destreza. Tus jefes no te despedirán a no ser que tengan un buen sustituto. Sin embargo, en la vida espiritual, no sucede así. Tu avance espiritual será valorado según la humildad, generosidad y sabiduría que manifiestes.

«Si una persona supuestamente espiritual se comporta de forma muy egoísta, no será respetada por la gente. Además, se ganará una mala reputación en la comunidad espiritual. Sabiendo esto, aprendes a contener tu ira, a reprimir todas las tendencias negativas, y actúas y te comportas como una persona espiritualmente madura. El ego llega a hacerse mucho más sutil. En tanto se exprese abiertamente, puede ser observado de modo palpable y evidente. Pero cuando tratas de ocultarlo intencionadamente en tu interior y actúas exteriormente de manera distinta, llevas a cabo un proceso demasiado sutil y peligroso.

«Puedes manifestar tu ego exteriormente. Aunque también puede ser dañino; sin embargo, no lo será tanto, porque no inducirás a la gente a error. Comprobarán que eres egoísta y, para ellos, será una advertencia de que en tu interior albergas mucha violencia, odio u otros sentimientos negativos. En consecuencia, serán cautelosos y se mantendrán a distancia, si lo creen necesario. Pero ¿qué pasa si aprendes hábilmente a ocultar tu ego y finges ser un yogui? La gente sufrirá una gran desilusión, pues esto equivale a un verdadero fraude. Tal engaño, sin embargo, no puede durar ni ocultarse por mucho tiempo. Enseguida se verá el ego desenmascarado. Lo que yace oculto en el interior, tarde o temprano, se manifiesta, por mucho que te esfuerces en pretender lo contrario. Sólo es cuestión de tiempo.

«Es similar a la actitud que adopta una suegra, respecto a su nueva nuera recién llegada[11]. Al principio obsequiará a la mujer de su hijo con mucho amor y atención. No permitirá que trabaje en la cocina, que limpie la casa, ni que trabaje fuera, como si se tratara de una piedra preciosa que pudiera desgastarse por el uso. Utilizará frases de este estilo: «Hija mía, ¡ni siquiera se te ocurra hacer esto, otros en la casa pueden hacerlo. Quédate ahí quieta y ponte cómoda». Cuando la mujer del hijo mayor escucha estas palabras, sonríe interiormente. Sabe por experiencia que se trata de una farsa y que, muy pronto, su suegra empezará a manifestar su verdadero carácter. Y así es como sucede. Al cabo de una o dos semanas, la suegra que hasta entonces se había mostrado tan amorosa y atenta, se pondrá a gritar a su nueva nuera: «¡Eh, tú, perezosa! ¿Acaso te crees la dueña de la casa? ¡No estamos aquí a tu servicio! ¡Ponte a limpiar la cocina!» Este comportamiento no es extraño en las familias de la India, aunque a veces suceda lo contrario, y sea la familia la que se convierta en víctima de la nuera. Durante las primeras semanas se mostrará muy dulce y amable, pero no tardará mucho en aparecer su verdadero carácter.

«Así sucede con los que ocultan su ego sólo para atraerse a la gente y dominarla. Tal vez logren disimularlo durante algún tiempo, pero pronto se manifestará. Su verdadera naturaleza emergerá espontáneamente.

Aquellos que llevan la máscara de seres espiritualmente avanzados no saben el daño terrible que están causando. Confunden a otros, al tiempo que se están labrando su propia destrucción. Muchas personas sinceras pueden quedar atrapadas en su impostura. Y cuando se den cuenta del engaño sufrido, perderán su fe, desconfiarán de todo lo que tenga que ver con la espiritualidad. Desconfiarán incluso de los legítimos maestros. Pensad en el

[11] En la India es costumbre que una pareja de recién casados vaya a vivir con la familia del marido.

enorme daño que los supuestos guías espirituales están haciendo a la sociedad y a la raza humana. El ego de esos supuestos guías es muy sutil y difícil de suprimir. Ellos se creen verdaderamente grandes. Es natural porque se sienten orgullosos de las grandes multitudes que siguen sus discursos y de las alabanzas que se les prodiga. La gente les suele decir: «¡Qué grande eres y qué inteligente! ¡Qué discurso más maravilloso! ¡Qué magnífica presencia!» Con estas alabanzas y reconocimientos, empieza a considerar que es muy importante. A medida que esta idea se enraíce más y más en él, aumentará también su grado de sutileza. Aprende a enmascarar mientras aparenta que es grande. Pero no tardará mucho en manifestarse lo que yace oculto en su interior. La gente se burla frecuentemente de estas personas y, en ocasiones, su comportamiento roza el ridículo».

La Madre embriagada de gozo

El cielo estaba cubierto y parecía que se avecinaba una tormenta. El sonido de las olas del mar era cada vez más intenso, e iba acompañado de un fuerte y fresco viento. La Madre miró al cielo y, de inmediato, quedó absorta en un profundo éxtasis. Las obscuras nubes ocultaban el sol. Aunque sólo eran las once y media de la mañana, parecía como si se acercara la noche. Pronto empezó a lloviznar. Gayatri bajó un paraguas de la habitación de la Madre para guarecerla. Los residentes no se movieron, continuaron allí bajo la lluvia, junto a la Madre. En cuestión de segundos, se puso a llover copiosamente. La Madre seguía en el mismo sitio con Su mirada clavada en el cielo.

Pocos minutos después la Madre se levantó, caminó bajo la lluvia y empezó a jugar como un niño. Saltaba y bailaba en círculos, y de vez en cuando se detenía para contemplar el cielo. Se quedaba con los brazos extendidos y las palmas abiertas hacia el cielo, como si tratara de atrapar las gotas de lluvia con Sus manos. Todos los residentes permanecieron de pie a pocos metros observando esta hermosa escena.

Aunque la Madre estaba completamente empapada, Gayatri, impotente, continuaba junto a Ella, sosteniendo el paraguas cerrado. De repente, la Madre juntó las palmas de Sus manos por encima de la cabeza y empezó a girar en círculos. Y a medida que lo hacía, recitaba estos versos:

Anandam Satchitanandam
Anandam Paramanandam
Anandam Satchitanandam
Anandam Brahmanandam

El Gozo de la Pura Existencia, Consciencia y Dicha
El Gozo de la Suprema Dicha
El Gozo de la Pura Existencia, Consciencia y Dicha
El Gozo de la Absoluta e Indivisible Dicha

Después de acabar el canto, la Madre siguió durante bastante tiempo dando vueltas y más vueltas. Sus palmas seguían unidas sobre la cabeza y Sus ojos cerrados. Transportada a otro mundo, parecía no tener consciencia de Su cuerpo. Su rostro estaba radiante y encantador. Una hermosa sonrisa divina se reflejaba en Sus labios. Mientras danzaba, el agua de lluvia se deslizaba en cascada por Su negro cabello y resbalaba por Sus mejillas.

Nadie sabía qué hacer. Alguien sugirió que la llevaran a la casa. Pero Nealu pensó que no convenía tocar a la Madre mientras estuviese en ese estado de beatitud. Mientras debatían entre ellos qué hacer, la Madre cesó lentamente Su danza y se dejó caer en el suelo, convertido en un gran charco de barro. Mientras yacía tendida e inmóvil bajo la lluvia, de Su rostro seguía irradiando un destello espiritual.

La lluvia continuaba pertinaz, lo que provocaba el nerviosismo de los residentes. Gayatri, sentada en el barro, trataba de protegerla con el paraguas e insistió en que debían llevar a la Madre adentro. Finalmente todos se pusieron de acuerdo y acataron sus instrucciones.

Tan pronto como la Madre fue colocada en Su habitación, Gayatri pidió a todos que salieran para poder quitarle la ropa mojada. Todos salieron de inmediato y cerraron la puerta. La Madre siguió en estado de *samadhi* durante mucho rato.

¿Qué se puede decir sobre una personalidad tan misteriosa como ésta, que en determinado momento se presenta como un gran Maestro, a continuación actúa como un niño inocente, y pocos segundos después se sumerge en el más elevado estado de *samadhi*?

> *Ciertamente, raro es el ser humano que constantemente absorto en Brahman, liberado del sentido de la realidad de los objetos exteriores, únicamente parece disfrutarlos cuando otros se los ofrecen. Como un durmiente o como un bebé, el mundo le parece un sueño que él sólo reconoce de vez en cuando. Goza de los frutos de indecibles méritos y es, en verdad, bendecido y reverenciado sobre esta tierra.*
>
> Vivekachudamani [12]

[12] Obra de Shankaracharya. *Viveka*: discernimiento, *chouda*: cima, *mani*: joya.

Capítulo 13

La divinidad no puede ser simulada

La historia de Paundra Vasudeva

Un día en que la Madre estaba en la salita que hace las veces de biblioteca, se planteó de nuevo el tema de la sutileza del ego espiritual. Uno de los brahmacharis le preguntó: «Amma, ayer, mientras hablabas sobre la sutileza del ego de una persona espiritual, dijiste que a veces esas personas rozan el ridículo. ¿Cómo pueden llegar a ese extremo?»

Amma: «Hijo, ¿por qué no? Cuando una mente está obsesionada por algo pierde su capacidad de discernimiento. Es entonces cuando algunos, movidos por su deseo de hacerse famosos y ser admirados, se comportan de modo ridículo. Pierden su lucidez mental y se transforman en meros instrumentos en manos de otros. Preocupados por que se les reconozca por su grandeza y que la gente los admire y alabe, dejan de expresarse espontáneamente y sus conductas se vuelven artificiales. Tal vez lleguen a creer que lo que otros dicen es verdad, y que para que los consideren grandes, deben actuar de una determinada manera. Es así como terminan haciendo el ridículo. Cuando alguien queda hipnotizado por la admiración que otros le profesan, de poco sirven los consejos bien intencionados, pues es incapaz de ver la verdad.

«Hijos, ¿conocéis la historia de Paundra Vasudeva, aquel que pretendía ser Krishna? En la época en la que Krishna reinaba en Dwaraka, Paundra Vasudeva era el rey de un país llamado Karurusha. Paundra vivía demasiado apegado a su cargo real, de modo que deseaba fervientemente ser adorado por sus súbditos. Tanto él como el rey de Kashi consideraban a Sri Krishna como un rival. Sentían envidia por la fama de Krishna y por el culto y adoración que la gente le dispensaba. Ayudado por el rey de Kashi, Paundra, sediento de gloria, organizó una conspiración contra el Señor. Anunciaron públicamente que el Krishna que vivía en Dwaraka era un impostor, no una encarnación, y que el verdadero Krishna, la verdadera encarnación de Vishnu, no era otro que el mismo Paundra.

«Al oírlo, la gente decía que si el rey Paundra era la verdadera encarnación del Señor Vishnu, debía sostener en sus cuatro sagradas manos los atributos divinos; es decir, la concha de caracol, el disco, la maza y la flor de loto. Paundra empezó a creer que él era realmente el Señor Vishnu, por lo que decidió aparecer en ocasiones con dos brazos de madera, sujetos a los hombros, para simular que tenía cuatro brazos, al igual que el Señor. También decidió llevar réplicas de los cuatro atributos sagrados. Paundra se entusiasmó tanto que incluso se fabricó un Garuda de madera[13]. Por desgracia, el águila de madera no podía volar. No obstante, fue colocada en la parte superior de la carroza real. Paundra ordenó a su esposa que se vistiera como la Diosa Lakshmi para recorrer juntos la ciudad y bendecir a la gente, desde el elevado sitial de su Garuda de madera. Paundra se convirtió en blanco de burlas de todo el país. Obviamente, muchos pensaron que se había vuelto loco.

«Esta descarada autoexaltación del rey Paundra irritó a algunos de sus súbditos que veneraban al Señor Krishna. Como no se atrevían a manifestar públicamente su enfado, decidieron burlarse de él. Siempre que lo veían por las calles, en su excéntrica carroza, solían comentar: «¡Oh, nuestro Rey parece realmente Krishna! Debería llevar una corona con una pluma de pavo real y sostener una flauta en sus hermosas manos. ¡Imaginad qué encantador

[13] El águila divina, Garuda, es el *vahana* (vehículo) en el que cabalga el Señor Vishnu.

sería si su cuerpo fuese de color azul! Tendría que reclamar todas las armas divinas que posee el falso Krishna de Dwaraka. Ese Krishna no goza de ningún derecho sobre ellas, ni le pertenecen. Su legítimo y verdadero dueño es nuestro rey, el gran Paundra Vasudeva».

«Cada vez que Paundra salía del palacio escuchaba esos comentarios. Hasta los más allegados, la familia real y sus cortesanos, empezaron también a burlarse. El rey se entusiasmó tanto con tales alabanzas que optó por pintarse de azul y vestir como Sri Krishna. Paseaba con la indumentaria de Krishna, al tiempo que sostenía una flauta en sus manos, aunque no tenía ni idea de cómo tocarla. Poco a poco llegó a creer que él era Vishnu o Krishna. Unas veces se creía Vishnu y otras Krishna.

«Pero el drama no acabó aquí. Considerando ciertos los comentarios de sus súbditos, quiso apoderarse de todas las armas divinas de Sri Krishna. Decidido a culminar su empresa, envió un mensajero a Dwaraka anunciando a Krishna: «Pastor de vacas, sólo eres un farsante. Entrégame todas las armas divinas sin olvidar el disco divino, pues me pertenecen por legítimo derecho, ya que yo soy el verdadero Krishna, la genuina encarnación del Señor Vishnu. Si no lo haces, prepárate a morir en el campo de batalla».

«Tan pronto Krishna recibió el mensaje, contestó: «Muy bien. Pero me gustaría entregar personalmente las armas. Di a Paundra que venga a recibirlas». Sri Krishna quería dar al temerario rey una lección ejemplar.

«Cuando Paundra, vestido de Vishnu, llegó al lugar acordado, junto con todo su ejército, dispuesto a luchar, Sri Krishna ya los estaba aguardando. En cuanto Paundra vio a Krishna, le gritó con todas sus fuerzas: «¡Impostor! ¡No trates de burlarte de mí! ¡Entrega las armas divinas y el disco, o prepárate a morir!» En la batalla que siguió, Sri Krishna destruyó todo el ejército de Paundra. Cuando todo hubo terminado, Sri Krishna, sosteniendo el disco divino en su dedo índice, dijo a Paundra, con una sonrisa maliciosa: «Sólo he venido para darte esta arma. ¡Ahí va! ¡Tómala, es tuya!» Con estas palabras, Krishna lanzó el disco divino. Os podéis imaginar lo que sucedió. El disco atravesó el cuello de Paundra, causándole en aquel instante la muerte. Así fue como Krishna, el Maestro Perfecto, destruyó la insensata obsesión del rey por la gloria y los honores, liberándolo del ego que su mente había desarrollado.»

Pregunta: «¿Significa esto que únicamente un Maestro Perfecto, aquel que está más allá de la mente y el ego, nos puede salvar del dominio del ego sutil?»

Amma: «Así es. Se necesita un arma extremadamente eficaz como el disco divino, para traspasar el ego sutil. Pero esta arma sólo la posee un Maestro Perfecto. Es el arma del Conocimiento, de la omnisciencia, omnipotencia y omnipresencia del *Satguru*.

«Una persona obsesionada únicamente por obtener gloria, poder y fama, pretenderá dominar el mundo entero. En su insensatez llegará incluso a decir: «Soy el más grande y, por lo tanto, tengo derecho a todo». Quedará ofuscado por sus ideas de poder y autoexaltación, perdiendo su capacidad de discernimiento.

«Los que de este modo pierden la visión correcta, se olvidan por lo general de Dios. En su loco afán por ganarse el respeto y la admiración de los demás, pueden llegar a desafiar a Dios. Pero este desafío es una clara señal de que su caída está próxima.

«Es imposible imitar o aparentar una naturaleza divina, porque el amor y las otras cualidades divinas son inimitables».

Capítulo 14

Se celebraba aquella noche en todo Kerala la gran fiesta de *Tiruvatira.* En la India, el Señor Shiva y la Diosa Parvati son considerados como el Padre y la Madre Universales. El día de Tiruvatira las mujeres casadas de Kerala hacen un voto de ayuno y rezan por el bienestar de sus esposos. La tradición también exige que pasen esa noche despiertas, rezando y cantando la gloria de Shiva y de Parvati.

Un grupo de mujeres mayores de la aldea y algunas otras casadas, residentes en el Ashram, habían formado un círculo en el atrio del templo. Iban a iniciar la celebración con el *Tiruvatirakali*, una antigua danza tradicional popular ejecutada por las mujeres de Kerala.

Mientras todos los residentes permanecían sentados frente al templo, la Madre estaba sentada bajo el árbol mailanchy, rodeada por una docena de niños. Algunos de ellos eran de la vecindad, otros eran hijos de devotos. La Madre mostraba un ánimo festivo y, a su alrededor, se podía oír el sonido de grandes risas y voces. Todos se interesaban más por lo que la Madre hacía que por contemplar la danza. Pero aunque todos los ojos estaban fijos en Ella, todos se mantenían instintivamente a cierta distancia, a fin de no perturbar el hermoso cuadro de la Madre con los niños.

En ese momento el círculo de mujeres inició su danza, al tiempo que cantaban...

Thirukathakal Padam Nyan

Oh Diosa Durga
Oh Kali
líbrame de todo mal
A diario te imploro que me otorgues
la visión de Tu forma.

Deja que alabe Tus hechos divinos.
Concédeme este ruego:
que cuando cante Tu gloria
vengas a mi corazón.

Oh Esencia de los Vedas
Ignoro cómo meditar,
y a mi canto le falta la melodía.
Ten compasión de mí.
Deja que me anegue en Tu gozo.

Tú eres Gayatri,
Tú eres la gloria y la liberación,
Kartyayani, Haimavati, y Kakshayani[14]
Tú eres el alma misma de la Realización
Tú eres mi único refugio.

Oh Devi, dame la capacidad de hablar
de los principios esenciales.
Entiendo que sin Ti,
encarnación del Universo,
Shiva, la causa primera,
no tendría existencia.

Esto es «Eso»

Cuando la canción alcanzó un ritmo trepidante, la Madre se levantó de donde estaba, se dirigió hacia el círculo de mujeres y se unió a su danza. Parecía muy animada y, a la vez, divinamente embriagada. Mostraba en Su rostro una expresión inocente que le daba la apariencia de un niño divino, danzando en medio de

[14] Nombres de Devi

las mujeres. Éstas se sentían llenas de dicha por tener a la Madre danzando junto a ellas.

En una de las fases de la danza, las mujeres se sitúan por parejas, frente a frente, y golpean mutuamente las palmas de sus manos. La Madre, transportada a otro mundo, seguía Su danza llena de dicha. Tenía Sus ojos cerrados y con ambas manos iba formando *mudras* divinos. Tras danzar alrededor de las mujeres, la Madre se desplazó al centro donde siguió danzando en éxtasis, mientras los devotos entonaban canciones de alabanza a la Diosa Parvati.

Después de un buen rato, la Madre dejó de danzar, permaneciendo inmóvil. Su forma externa y Su semblante irradiaban un destello divino. Tenía exactamente el mismo aspecto que durante los *Devi Bhava*. Era evidente que seguía absorta en Su estado divino. Los devotos siguieron danzando y cantando, hasta que finalmente la Madre se sentó en el suelo, sin abandonar todavía Su estado interior.

Los devotos tenían la fuerte impresión de que la Madre estaba en el *Bhava* de la Diosa Parvati. ¡Quién sabe! Tal vez Ella estaba revelando ese estado por el bien de los devotos. Nada es imposible para un alma que es una con el Brahman Supremo. Una persona así puede manifestar cualquier aspecto de lo Divino en el momento que lo desee.

Cuando la Madre finalmente volvió a Su ser normal, uno de los devotos le preguntó: «Amma, hemos sentido con gran fuerza que te hallabas en el estado divino de la Diosa Parvati». La Madre señaló primero a Sí misma, después hacia el cielo, y contestó: «ESTO ES ESO». Después de un silencio, añadió: «Que se manifieste o no, esto es Eso. No confundáis esto con el cuerpo. El cuerpo sólo es una envoltura, más allá de la envoltura está la inmensidad».

La inefable expresión del rostro de la Madre y las palabras que pronunció parecían provenir directamente del plano más elevado de consciencia. Bastaba un poco de lucidez para comprender que la Madre afirmaba, aunque no directamente, que se hallaba en el estado divino de la Diosa Parvati. El impacto de esta declaración fue tan profundo y poderoso que todos sintieron una gran conmoción en lo más profundo de sus corazones.

La importancia de las cualidades femeninas en un discípulo

Pasaron unos minutos en silencio hasta que un devoto no pudo resistir la tentación de plantear una pregunta: «Amma, he oído decir que hay dos clases de discípulos: los que poseen un temperamento racional y los que tienen un carácter más bien femenino. No creo que lo haya entendido bien. ¿Podrías aclararme esta distinción?

Amma: La realización espiritual no puede alcanzarse sin amor, sin devoción y sin una apertura interior que haga posible recibir el Conocimiento que sólo un Maestro puede transmitir. Por lo tanto, un discípulo predominantemente racional debe procurar un equilibrio entre el intelecto y el corazón. Debe mantener un inmenso amor por su Maestro y, al mismo tiempo, una comprensión racional adecuada sobre la naturaleza omnisciente de su Maestro.

Si eres demasiado racional, existe el riesgo de que se produzca un desequilibrio y te vuelvas más egocéntrico. El intelecto es razonamiento. Incapaz de unir, sólo sabe seccionar y fragmentar. No os ayudará a incrementar la fe y el amor, que son los factores esenciales para el crecimiento interior de un buscador espiritual. No le conviene poner el acento sobre lo racional, porque le faltará amor y devoción hacia su Maestro. Sin amor y sin una actitud de entrega de sí mismo y humildad, el Maestro no puede transmitirle el Conocimiento.

«Resulta difícil disciplinar a un buscador que sea predominantemente racional, a menos que un Maestro omnipotente llegue a destruir su ego y le revele la esencia real: su verdadera naturaleza. Entonces podrá exteriormente conservar sus cualidades racionales, pero interiormente mantendrá una profunda devoción. Habrá un equilibrio perfecto entre las dos tendencias.

«Cuando un Maestro trabaja sobre el ego, éste se torna útil para el mundo. Sus rasgos se refinan y moldean, y por la Gracia del Maestro, se mantiene siempre bajo control.

«A partir de entonces, el discípulo sólo actúa en nombre del Maestro, y el *Satguru* actúa a través de él, sin que éste adopte protagonismo alguno en lo que hace. Esta será su actitud: «Sólo soy un instrumento. Mi Maestro todopoderoso trabaja a través de mí». Todo lo atribuirá a su Maestro y no lo considerará como un mérito propio. Al mismo tiempo dispondrá de una mente audaz, de una inmensa voluntad y del suficiente poder para asumir tareas, en apariencia imposibles, y coronarlas con éxito.

«Sin embargo, la tarea de cincelar, moldear y reconstruir el ego de un discípulo sólo puede emprenderla un *Satguru*. Si el buscador pretende conseguirlo por sus propios medios o es entrenado por un gurú imperfecto, sólo favorecerá un mayor desequilibrio en su naturaleza, lo que redundará, a su vez, en perjuicio de los demás y de la sociedad en general. Hasta es posible que intente convertirse él mismo en gurú. Quizás veas cómo organiza su propio grupo de discípulos y construye su propio ashram.

«En Hanuman, el gran devoto del Señor Rama, se combinaban magníficamente las cualidades masculinas y femeninas. Todo lo hacía en nombre de Rama, su bienamado Señor, y nunca reivindicó ningún mérito personal. Aunque Hanuman llevó a cabo tareas muy difíciles, jamás se sintió orgulloso de ninguno de sus logros. Muy al contrario, continuó siendo el siervo humilde y obediente de su Maestro, el Señor Rama.`No por mi poder y fuerza, sino por la Gracia del Señor Rama», esa era siempre la actitud que mantenía Hanuman.

Los discípulos que poseen cualidades femeninas son completamente diferentes. No quieren salir y predicar. No buscan atenciones ni honores. Tampoco parece interesarles alcanzar la Realización. Sólo desean permanecer en presencia física del Maestro y servirle. Esas son sus *tapas* (austeridades). No desean espiritualidad más elevada que ésta. Para ellos, no existe Verdad más importante que la de su Maestro. Su actitud consiste en manifestar: «Mi Maestro, mi Mundo, mi Todo». El corazón de un discípulo así está lleno de amor y fidelidad a su Maestro. Esta relación no puede explicarse mediante la lógica o el raciocinio. Sólo puede compararse con el amor de las *gopis* hacia Krishna: amor, amor y amor. Amor desbordante. Era lo único que les importaba».

A continuación la Madre contó la historia de un discípulo de Buda.

«Una vez, uno de los discípulos de Buda desapareció de repente. Nadie lo podía encontrar por ninguna parte. Pasaron siete días y seguían sin saber dónde estaba. Finalmente, Buda lo encontró acostado en el techo del ashram. Buda sabía que estaba allí y que el discípulo había alcanzado la iluminación. Buda le tendió la mano, diciéndole: «Sé que has alcanzado el estado de *nirvana*.»

«El discípulo dijo: «Mi amado Maestro, ya sé que ha ocurrido, no es preciso que Tú me lo confirmes. En realidad, temo Tu confirmación, porque a continuación me pedirás: «Ahora que has alcanzado el *nirvana*, debes salir a predicar y propagar por todo el mundo el mensaje de la Verdad. Tengo miedo, mi Señor, pues prefiero permanecer ignorante en Tu presencia, antes que dejarte y salir al mundo como un ser totalmente realizado.»»

«Esta es la actitud propia de un discípulo dotado de cualidades femeninas. Está tan profundamente enraizado en el amor por su Maestro, que desearía permanecer constantemente apegado a Su presencia física. Ése es el principal objetivo de su vida. Esa es su más elevada realización».

Un verdadero Maestro es más que el universo entero

Pregunta: «Amma, he oído decir que postrarse con total humildad a los pies del Maestro equivale a postrarse ante todo el universo. ¿Puedes explicarnos algo más?»

Amma: «Hijos míos, sólo aquel que está completamente desprovisto de ego puede postrarse ante la creación entera. Cuando desaparece el ego, superáis todo límite impuesto por la mente y os convertís en el Ser omnipresente. Cuando contempláis toda la creación como si fuera vuestro propio Ser, no tenéis más elección que la de postraros ante ella y aceptarla. Cuando trascendéis vuestro ego, os transformáis en la nada. Pero al igual que el espacio, os convertís en todo, llegáis a ser la creación entera.

«Un día, cuando Krishna era niño, estaba jugando con Sus amigos. Inventaban toda clase de juegos, igual que hacen los niños pequeños. Se lo estaban pasando en grande. Uno de los niños sirvió una comida de arena, imaginando que era arroz. Todos fingían que comían, menos Krishna que la tomó por buena y se la comió. Balaram, el hermano mayor de Krishna, y los otros niños se fueron de inmediato a contar lo sucedido a Yashoda, la madre adoptiva del Señor. Yashoda sujetó a Krishna y le pidió que abriera la boca. Y... ¿sabéis qué vio? Contempló el universo entero dentro de Su boca. Vio el sol, la luna, las estrellas, la Vía Láctea y todas las galaxias. Vio montañas, valles, bosques, árboles y animales. Yashoda veía el universo entero en el interior de Krishna.

«De manera semejante, durante la batalla de Kurukshetra, mientras Krishna transmitía a Arjuna la gran enseñanza del Bhagavad Gita, el Señor atendió los deseos de su discípulo y le mostró su forma universal. Arjuna observó la totalidad del universo dentro de la forma de Su Señor y también vio, en Él, las fuerzas de los Pandava y los Kaurava.

«¿Qué significan estos dos episodios? Nos revelan que todo el universo está contenido dentro del cuerpo de un Maestro verdadero. Krishna era el Maestro perfecto, y un *Satguru* es Dios. Su consciencia está unida a la Consciencia Universal. Esa Consciencia es una, y es ella la que brilla a través de toda la creación. Un *Satguru* posee un número infinito de cuerpos, un número infinito de ojos. Él ve, oye, huele, come y respira a través de cada cuerpo. Él es lo ilimitado, el infinito. Rendirse a un Maestro con total humildad supone una entrega incondicionada a todo lo que existe, equivale a postrarse ante la creación entera.

«En ese estado comprendes que nada es diferente, ni está separado de ti. Cuando te postras ante toda la creación, accedes a un estado de aceptación total. Dejas de luchar con los obstáculos que surgen en tu vida. Combates y luchas sólo cuando tienes ego, sólo cuando te identificas con el cuerpo. Cuando te liberas de las ligaduras del ego, ya no es posible luchar. Sólo puedes aceptar.

«Mientras una persona egocéntrica considera que, salvo él, todos los demás son unos pobres ignorantes, un *Mahatma* contempla a cada persona como una extensión de su propio Ser. En el estado de Realización no se puede rechazar nada, únicamente se puede aceptar. El espacio lo acoge todo, sea bueno o malo. Un río lo acepta todo, el mar también lo acepta. Cuando te vuelves tan inmenso como el universo, puedes acoger cualquier cosa, todas las cosas. Cuando tu mente y ego desaparecen, careces de límites, eres infinito.

«El Espacio y la Naturaleza aceptan tanto el aire contaminado de las fábricas, como la dulce fragancia de las flores. Lo abrazan todo. De igual manera, un *Mahatma* lo acoge todo, negativo o positivo. Acepta a todos los seres y les otorga Su gracia y bendición, en virtud de su amor incondicional e infinita compasión.

«Hijos, ¿conocéis la siguiente historia? Una vez una muchacha soltera dio a luz un niño. Al principio se negó a decir quién era el padre, pero después de insistentes interrogatorios pronunció el nombre de un Maestro espiritual, muy respetado, que vivía en las afueras de la aldea. Los padres de la muchacha, seguidos por los lugareños, irrumpieron en la casa del Maestro. Le insultaron, le golpearon y le acusaron de hipócrita. Le trajeron al bebé y le ordenaron que cuidara de él. El Maestro tomó al bebé en sus brazos, lo miró con mucho amor y les dijo: «Muy bien, que así sea». A partir de entonces, el *Mahatma* cuidó del bebé con gran cariño y, al igual que una madre, le prodigó su amor y ternura. El Maestro perdió su reputación. Todos los lugareños lo evitaban, incluso sus propios discípulos. Sin embargo, aún después de que todos lo abandonaran, el Maestro todavía decía serenamente: «Muy bien, que así sea». Transcurrido un año, a la muchacha que había dado a luz le empezaron a atormentar los remordimientos. Confesó, finalmente, que el padre del bebé era un joven vecino, y no el santo inocente. Tanto sus padres, como los lugareños y discípulos, se consternaron. Fueron todos a ver al *Mahatma* y cayeron a sus pies pidiéndole perdón. Le rogaron también que devolviera el niño. El *Mahatma* sonrió imperturbable mientras les entregaba el niño. Los bendijo a todos y, una vez más, dijo serenamente: «Muy bien, que así sea».

«Ésta es la actitud de un verdadero *Mahatma*. Se postra ante la existencia. No forma parte de su naturaleza rechazar nada. No niega la vida, ni ninguna de las experiencias que ésta le prodiga.

Simplemente dice sí a todo lo que la vida le aporta. No maldice, ni se venga; sólo perdona y bendice.

«Excepto los seres humanos, la creación entera es un ejemplo de gratitud hacia el Creador por las infinitas bendiciones que derrama sobre ella. Incluso los pájaros y los animales pasan sus vidas dando gracias. Nada en el reino vegetal o animal se desvía de su propia naturaleza. Todas las criaturas viven según las leyes de la naturaleza. Sin embargo, los seres humanos, supuestamente inteligentes, continuamente quebrantan las leyes de la naturaleza, alterando su armonía y perturbando la vida de los demás seres vivos.

«Dios ha bendecido a los seres humanos, otorgándoles abundancia de dones. Pero a pesar de ello, el ser humano lo considera todo como una maldición. Esta vida es una maravillosa bendición. Nuestra mente y todas las partes de nuestro cuerpo, nuestra salud y riquezas, todo son bendiciones que Dios nos otorga. Pero ¿qué hacemos con estas bendiciones? Usamos nuestras manos para hacer el mal, nuestras piernas nos llevan a lugares prohibidos, usamos nuestros ojos para ver cosas horribles, con nuestra mente urdimos planes injustos para destruir a los demás, y la riqueza que tenemos sólo la empleamos para satisfacer nuestro egoísmo. De este modo, hemos convertido la vida en una maldición, tanto para nosotros mismos, como para los demás».

Tras estas palabras, la Madre explicó a los devotos una nueva historia. «Todas las criaturas, deseosas de escapar del dolor y los sufrimientos de la vida, se acercaron un día al Señor Brahma, el Creador. El cerdo se presentó en primer lugar. Con abundantes lágrimas suplicaba: «Oh Señor de toda la creación, ¿existe alguna forma de escapar de este sufrimiento? ¿Hay alguna esperanza para mi especie?» El Creador movió la cabeza afirmativamente y dijo: «Sí, hijo mío, por supuesto». A continuación se presentaron el buey, el perro y el elefante. Con grandes llantos, formularon la misma pregunta. A todos les respondió el Creador: «Sí, hay esperanza para todos vosotros». Después se acercó el hombre e hizo la misma petición. El Señor Brahma lo miró e inmediatamente el Creador Mismo se deshizo en lágrimas.» Al oír esto, los devotos estallaron de risa.

Cuando fueron disminuyendo las carcajadas, dijo la Madre: «Hoy es Tributaria. Hemos de cantar alabanzas a Shiva y Parvati. Así que cantemos y bailemos. La Madre empezó espontáneamente a cantar en un estado de suprema devoción. Todos respondieron a Su canto con gran amor y entusiasmo. La canción *Indukaladhara* glorifica al Señor Shiva y a la Diosa Parvati. La Madre repetía el estribillo a ritmo rápido.

Indukaladhara

Shambho Shankara Shambho Shankara
Shanbho Shankara Shiva Shambho

Oh Señor Shiva
Que llevas en Tu cabeza
La luna creciente,
que guardas el Sagrado Ganges
en los enmarañados rizos de Tu cabello
cuyo cuerpo adornado por serpientes
emana una fragancia Divina.
Me postro a los Pies Sagrados
de este Señor Supremo.

Oh Señor, causa primordial
Tú que te muestras
ante Tus devotos
lleno de compasión.
Tú eres el Gran Dios
aquel que otorga los bienes

Tú que sostienes el tridente
y cuyos Pies son adorados
incluso por los seres celestiales
Oh, Tú que destruyes todo dolor
Shambho Shankara.

Oh Señor del Universo
Me refugio a Tus pies.
Oh Señor, el Amado de Parvati,
Tú, que estás lleno de compasión,
libérame de sufrimientos infinitos
y dame refugio a Tus pies.

Todos parecían estar en éxtasis. De pronto la Madre se levantó y se puso a danzar. Los devotos también se levantaron, formaron un círculo perfecto alrededor de Ella y empezaron a cantar en voz alta, dando palmadas. Ella permanecía en el centro del círculo danzando en un estado de beatitud.

Vivir con un gran Maestro es una experiencia indescriptible, podríamos decir que es una fiesta ininterrumpida en la que se celebra cada momento de vida. La palabra fiesta, en sánscrito, es *utsavam*. Su raíz original, *utsravam*, significa elevarse, fluir, o desbordarse. Estas palabras evocan todos los desbordamientos producidos por la dicha y la pura Consciencia. Especialmente sucede así en las fiestas que se celebran en los templos. En todas ellas, se simboliza el desbordamiento de la energía y gozo espirituales. La plegaria, la meditación, la adoración y el canto generan una energía espiritual en el interior del templo. Tras elevarse por sus cuatro muros, se expande por la ciudad, purificando todo el entorno. Bajo este principio se rigen las fiestas anuales que se celebran en el interior de los templos.

En presencia de la Madre, esta celebración tiene lugar continuamente, pues Su presencia es una interminable corriente de energía divina que se derrama desde Su ser y penetra en el corazón de los devotos. Ellos reciben esa energía divina y quedan saciados de ella. Es lo que sucedía en aquel momento y a cada instante.

Las danzas y los cantos siguieron hasta que la Madre, de pronto, abandonó el círculo para dirigirse hacia la parte sur del Ashram, a orillas del canal. De inmediato las mujeres dejaron de danzar, como si se hubiese apagado un interruptor eléctrico. Todos se volvieron para ver lo que la Madre estaba a punto de hacer, pero nadie se atrevió a seguirla, pues daba la impresión de querer estar sola. Uno de los brahmacharis más antiguos pidió a todos que se fueran a meditar. A los pocos minutos todos se habían alejado. El lugar quedó en silencio, completamente vacío. Aquella noche fue enteramente consagrada a la oración y a la meditación.

Capítulo 15

¿Es importante el apego a la forma del Satguru?

La Madre respondió a una pregunta planteada por uno de los devotos occidentales.

Pregunta: «Amma, hay algunos que sienten una gran atracción hacia Tu forma externa. Te profesan tanto amor que únicamente experimentan un intenso anhelo de estar en Tu presencia física. Aunque otros no tienen esta clase de apego; sin embargo, desean sinceramente realizar a Dios. Te aman, pero temen que su apego a Tu forma les pueda causar dolor, por eso mantienen cierta distancia. Amma, ¿es absolutamente necesario sentir apego a la forma física del Maestro, o basta con tener el intenso deseo de realizar a Dios, sin apegarse a ninguna forma externa?»

Amma: La cualidad esencial que debería poseer un verdadero *sadhak* (aspirante espiritual) es una actitud de completa entrega y de aceptación total. Cuando se inicia el camino de la espiritualidad es difícil entregarse y aceptarlo todo, especialmente si no tienes a nadie que te sirva de guía o de ejemplo. Se debe contar, al menos, con la voluntad de entrega. Pero, ¿a quién nos entregamos y qué debemos entregar? y ¿cómo debemos realizar la entrega? La confusión puede surgir al plantearnos estas cuestiones. Mientras no alcances la Realización, sólo puedes tener una vaga idea sobre los diferentes aspectos de la espiritualidad. Tu mente inestable y recelosa siempre planteará dudas. Si no tienes a nadie que te sirva de guía, naufragarás en la confusión, extraviado, sin saber adónde ir ni a quién acudir. Por tanto, al inicio del camino, surge la necesidad de contar con un Maestro; alguien que oriente y del que puedas aprender la verdadera entrega y aceptación. Éstas no tienen nada que ver con una enseñanza intelectual, racional.

No puedes adquirirlas a través de los libros, ni en la escuela o la universidad. Estas cualidades se desarrollarán en tu interior, gracias al tremendo estímulo que recibes a través de la presencia física del Maestro, ya que Él es la personificación de todas las cualidades divinas. En el Maestro observarás la verdadera entrega y la total aceptación. Cuentas, por tanto, con un ejemplo real en el que puedes inspirarte, un modelo tangible con el que puedes comprometerte. Su presencia posee un inmenso poder de transformación e inspiración. La presencia del Maestro crea en tu interior un profundo amor hacia Él, y gracias a esa presencia se establece un poderoso vínculo entre los dos. Cuando el amor puro brota en ti, la entrega y la aceptación surgen de manera espontánea.

Igual que una madre afectuosa

«En las primeras etapas del camino espiritual predomina la siguiente actitud: «Yo soy Tu devoto, Tu discípulo, Tu siervo, y Tu amante; y Tú eres mi Señor, mi Maestro, y mi Amado». En este período inicial, domina en ti tal atracción amorosa hacia el Maestro que no eres capaz de trascender Su forma. Tu apego hacia Su forma externa es tan grande que no deseas ir más allá. Como se trata de la fase inicial, vas aprendiendo poco a poco, de forma incompleta, en qué consiste la entrega y la aceptación. Espiritualmente sólo eres un recién nacido, dado que todavía ignoras todo lo referente al mundo de la espiritualidad. Igual que un bebé sólo se alimenta de la leche de su madre y sólo conoce el calor de su pecho, el bebé espiritual que hay en ti sólo sabe de la forma y la proximidad física de su Maestro. Para ti, la forma externa del Maestro resume todo el universo espiritual, y de ahí tu intenso apego a su forma. Anhelas constantemente la presencia física y el calor de tu Maestro, nunca sacias tu sed.

«De igual modo que un niño utiliza el llanto como único medio para expresar sus deseos cuando tiene hambre, sed o dolor, en las primeras etapas de la espiritualidad, sólo dispones de un medio para que tu corazón se exprese, y es derramando lágrimas de intenso anhelo. Por Su amor, el Maestro se unirá a ti y se convertirá en el centro absoluto de tu vida. En esa experiencia de amor divino, incondicional, no tienes nada qué decir. Te bastará con derramar silenciosas lágrimas de amor y de ferviente deseo.

«Un bebé espiritual también nace a un mundo totalmente extraño y desconocido. Precisa del calor y la leche de su madre. Ésta conoce el corazón de su hijo y sabe cuáles son sus deseos. Cuando el bebé tenga hambre, sus pechos se llenarán espontáneamente de leche. La madre sabe intuitivamente si su hijo padece algún dolor o está incómodo. Si se ha ensuciado los pañales, la madre vendrá, lo bañará y le cambiará la ropa. El bebé se queda dormido con las hermosas nanas que, dulce y amorosamente, le canta su madre. Así, pues, al bebé le resultaría imposible vivir alejado de su madre. Una madre o una persona maternal es absolutamente necesaria para el sano crecimiento del niño. Una verdadera madre alimenta no sólo el cuerpo de su hijo, sino también su espíritu. El mundo del niño gira en torno a su madre, depende completamente de ella. Para él, su madre es la persona más bella del mundo. Está tan unido a ella, que todos sus sueños y fantasías se entretejen a su alrededor.

«Del mismo modo, el Maestro espiritual lo es todo para el *sadhak* al comienzo de su vida espiritual. No es, pues, exagerado afirmar que el Maestro lo representa todo para un verdadero discípulo, incluso más que Dios.

«Como una madre es para el bebé todo su mundo, un verdadero Maestro lo es todo para el discípulo que inicia su camino. Es un bebé en el sendero espiritual. Y las atenciones de un Maestro hacia su bebé espiritual son, incluso, mayores que las de una madre hacia su hijo recién nacido.

«En las primeras etapas de la espiritualidad, cuando el discípulo se dirige al Maestro asume el papel de un niño. Para el discípulo toda la espiritualidad se encierra en la expresión: «Mi Maestro, mi Todo». Alrededor de la misma giran todos sus sueños y aspiraciones espirituales. El discípulo está fuertemente apegado al Maestro: constantemente reclama su amor y afecto, su atención y calor, lo único que desea es permanecer siempre en Su presencia. Es incapaz de imaginarse un mundo o una vida sin su Maestro. Es un sentimiento muy espontáneo y natural propio del devoto o discípulo.

«Pero el bebé no será siempre un bebé, sino que crecerá bajo el cuidado amoroso de su madre. De forma similar, el bebé espiritual crece bajo la guía del Maestro, pero su crecimiento es interno. A medida que crece el niño espiritual, el Maestro deja de actuar como madre para transformarse en padre y poder imponer una disciplina férrea. Tiene por objeto enseñarle lo que es desapego, entrega y aceptación. Y no sólo hacia la forma externa del Maestro, sino hacia toda la creación. El *Satguru* no es sólo un cuerpo, Él es el poder que brilla en y a través de todas las cosas y es Él, por tanto, el que enseña al discípulo a postrarse humildemente ante toda la creación. Este entrenamiento le permite al discípulo superar su limitada visión y ascender a un nivel superior, a otra dimensión mucho más amplia. Comprenderá entonces que la existencia entera no es otra cosa que su propio Maestro. De este modo asumirá que el Maestro no es sólo una forma humana, sino la Consciencia única, el Sustrato de toda la creación. A medida que el discípulo crece y madura internamente, el Maestro le otorga mayor independencia; es decir, empieza a depender de su propio Ser.

«En la última etapa amorosa, el amante y el Amado se funden en uno. Existe incluso, aún más allá, un estado en el que no existe amor, amante ni Amado. Ese estado no se puede describir, es verdaderamente inefable. Hacia él, en realidad, estás siendo guiado por tu Maestro.

«Las palabras no pueden dar cuenta de los métodos que emplea un *Satguru*. A diferencia de una madre de este mundo, un verdadero Maestro nunca permite al discípulo que siga apegado a Él. Por el contrario, le enseña a superar toda limitación y apego, hace que sea totalmente libre e independiente. Finalmente, el apego al cuerpo del Maestro le permitirá lograr un desapego total y una libertad absoluta. Aunque en las primeras etapas de su desarrollo, el discípulo sienta un fuerte apego hacia la forma externa del Maestro, este apego no puede considerarse como una atadura. Dos personas situadas en el plano físico pueden establecer lazos de dependencia mutua. Sin embargo, un *Satguru* al trascender lo físico no puede someter a nadie. El Maestro es a la vez personal e impersonal. No podemos, por tanto, considerarlo como personal, al igual que nuestros amigos íntimos u otras personas. La atadura aparece únicamente cuando te apegas al cuerpo de una persona. El Maestro te irá revelando, poco a poco, que cuando amas Su forma externa, no estás amando a un individuo limitado, estás amando la Consciencia Pura. A medida que crece interiormente tu consciencia y se hace más profunda, experimentarás de forma gradual Su naturaleza omnipresente, Su verdadera esencia. Sabrás al fin que el Maestro no se limita a un cuerpo, que es el *Atma Shakti* inmanente en todas las cosas. El Maestro te conducirá hacia esa experiencia. Por Su Gracia superarás y trascenderás, finalmente, todas las ataduras. Por esta razón Amma considera que tu apego a la forma externa del Maestro nunca puede atarte».

El verdadero Maestro destruye todo sufrimiento

Pregunta: «¿Quiere decir Amma que es necesario el apego a la forma externa del Maestro? ¿Y qué hay del sufrimiento que, según algunos, engendra este tipo de apego?»

Amma: «Amma no entiende los extraños conceptos que se forma la gente. Dices que no se debe sentir apego a la forma del Maestro porque implica sufrimiento. Hijos, ¿podéis señalarle a Amma alguien que no sufra en este mundo? La gente sufre constantemente, bien sea física o mentalmente. Preguntad a cualquiera en este mundo y os contestará: «Tengo un gran dolor en todo el cuerpo» o «Han herido mis sentimientos» o «Fulano de tal no me ha tratado con respeto y me he sentido ofendido». ¡Decid a Amma quién es el que no sufre! La gente padece sufrimiento ya sea interior o exteriormente. ¿Qué sabéis del dolor? El dolor no significa sólo padecimiento físico. Las heridas internas son mucho más dolorosas. No es lógico, por tanto, que vosotros digáis que el apego a la forma externa del Maestro causará dolor.

Lleváis profundas heridas en vuestro interior, producidas en el pasado. Todas esas lesiones y el dolor que proviene de ellas son el resultado de vuestro excesivo apego a los placeres mundanos. No sois conscientes del dolor y de la infección que todas esas heridas pueden provocar. Siguen ahí abiertas, sin que se les aplique remedio alguno. Nadie puede curarlas porque son heridas y tendencias de vuestras vidas pasadas. No se han originado en esta vida. Ningún médico o psicoterapeuta podría curarlas, pues no les es posible penetrar en vuestra mente con la suficiente profundidad como para eliminarlas. Vuestras heridas y tendencias están arraigadas en lo más profundo de vuestro ser; son realmente antiguas, hace tiempo que desde dentro empezaron a atormentaros, lenta e inconscientemente.

«La gente acude a los especialistas para aliviar su dolor interno, pero todos los especialistas que hay en el mundo, médicos, científicos, psicólogos..., son personas que habitan en sus propias mentes, dentro del pequeño mundo creado por sus egos. Si no han sido capaces de penetrar en sus propias mentes, ¿cómo pueden penetrar en la de otros? Mientras estén bajo el dominio de su mente y de su ego, ¿cómo podrán ayudar a otros a ir más allá de la mente o del ego? También ellos poseen profundas heridas y fuertes tendencias, al igual que vosotros. Esos especialistas no podrán ayudaros a sanar vuestras heridas, ni a suprimir vuestro dolor. Sólo un verdadero Maestro que esté completamente libre de tales limitaciones, que esté más allá de la mente, puede penetrar en vuestra mente, tratar todas esas heridas abiertas, destruir las fuertes tendencias latentes y desarraigar los viejos hábitos.

«Es muy extraño oíros decir que algunos no desean apegarse a la forma del Maestro para evitar sufrimientos. Pero, si ya estáis experimentando un gran sufrimiento. De hecho, sois la personificación misma de un profundo y angustioso dolor. En absoluto, el apego a la forma del Maestro puede producir dolor alguno, porque Él no es un objeto, ni un cuerpo, ni tampoco un ego. Él está más allá. No podría haceros daño o imponeros nada. Es como el espacio, como el cielo sin límites, ninguno de ellos os puede dañar. De modo que no proyectéis vuestras ideas preconcebidas sobre un Maestro, ni intentéis juzgarle. La mente, dada su naturaleza ilusoria, se equivoca y es incapaz de emitir juicios adecuados. Todos vuestros conceptos e ideas provienen de vuestra mente, no tienen nada que ver con el Maestro perfecto que está más allá de la mente. Tal vez una mente pueda juzgar a otra, pero no puede juzgar aquello que está más allá de sí misma. Una mente o un ego podrían herir a otra mente o ego, pero alguien que está más allá de la mente no puede dañar a nadie, porque tal ser carece de ego y no juzga a nadie. Vuestro dolor proviene de vosotros mismos, no del Maestro.

«Cuando estáis en presencia física de un *Satguru*, emerge todo vuestro dolor. Ha permanecido largo tiempo escondido en vuestro interior, y ahora se manifiesta, pues un verdadero Maestro es como el sol, un sol espiritual. En su presencia, no hay noche. Sólo la luz reina constantemente. Cuando el sol del Maestro brilla, penetra en lo más profundo de vuestra mente. Por la gracia de Su luz contempláis todo lo que habita en vuestro interior. Veis el infierno oculto que lleváis dentro, y al observarlo descubrís su existencia. Siempre ha estado allí, pero lo desconocíais. ¿Cómo vais a libraros del dolor oculto, si no sois conscientes de su presencia? Es importante que sepáis que su origen está en vuestro interior, no procede del exterior. Hasta ahora, habéis creído que el dolor se producía a causa de factores externos: relaciones rotas, deseos insatisfechos, la muerte de alguien, la ira de los demás o sus insultos e injurias. Pero la verdadera causa se halla en vuestro interior. Y ahora, ante la luz infinita de la gloria espiritual del Maestro, se os revela claramente. Comprendéis que todo dolor reside únicamente en vuestro interior.

«Recordad que el Maestro no permitirá que en esta empresa luchéis solos. Os ayudará usando su infinita energía espiritual, y procurará que sanen todas vuestras heridas.

«El dolor no proviene, por tanto, de vuestro apego a la forma externa del Maestro, está causado por la mente y por las tendencias negativas. Cuando lleguéis a entender la naturaleza de vuestro dolor, necesitaréis cooperar con el Maestro. Él es el médico divino cuyo poder y energía son inagotables.

«Recordad que sois los pacientes que debéis someteros a una gran intervención quirúrgica. Pero no os preocupéis, podéis confiar plenamente en este médico. Tened una fe total en él. Estáis en su sala de operaciones. Dejad que trabaje en vosotros, cooperad con él y no luchéis; quedáos quietos y no os mováis. Por supuesto, os aplicará anestesia. El amor incondicional y la compasión que él expresa a través de todo su ser, actúan como la anestesia que os prepara para la operación.

«Una vez que el Maestro empiece a operar, no permitirá que os vayáis. Ningún médico deja que un paciente se escape a mitad de la operación. De un modo u otro, el Maestro se encargará de que permanezcáis en la mesa de operaciones todo el tiempo, pues sabe el peligro que entraña cualquier abandono repentino. El *Satguru* no os dejará marchar. Pero la intervención llevada a cabo por Éste no es nada dolorosa, si la comparamos con la pésima condición de vuestra enfermedad y con el gozo supremo y demás beneficios que vais a obtener. El desbordante amor y la compasión del Maestro aliviarán en gran manera vuestro dolor. El *Satguru* es uno con Dios y, por tanto, os sentiréis envueltos en el amor y la compasión de Dios.

«El Maestro no causa el dolor, más bien lo destruye. No tiene intención de daros un alivio momentáneo, sino definitivo, eterno. No obstante, y por alguna razón, la gente desea conservar su dolor. A pesar de que nuestra esencia real es gozo supremo, la gente, en su actual estado mental, prefiere disfrutar con su dolor, como si éste fuese consustancial al ser humano.

«En cierta ocasión, un quiromántico leyó a un cliente su mano y le predijo: «Hasta la edad de cincuenta años experimentarás un gran sufrimiento y dolor en tu vida. Tendrás constante dolor y angustia mental». «¿Y después de los cincuenta?» preguntó el cliente. El quiromántico respondió fríamente: «Después de los cincuenta, se habrá convertido en algo natural en ti».

Se oyeron grandes risas, a las que se unió la de la Madre. Ella continuó: «Parece que la naturaleza humana se ha convertido en algo parecido. La gente sufre, y se ha identificado de tal modo con su dolor, que no se dan cuenta del mismo, ni realmente desean salir de él.»

El brahmachari que había hecho la pregunta dijo: «Amma, tengo otra pregunta». Miró a la Madre para ver Su reacción, porque a veces Ella se queda callada sin responder. Los caminos de Amma son siempre desconcertantes e impredecibles. Nadie sabe si decidirá hablar o no. Aun en medio de una discusión acalorada, la Madre puede repentinamente sumergirse en Su propia consciencia ilimitada. Sus infinitas manifestaciones están más allá de la comprensión humana. Pueden ocurrir en cualquier lugar y momento.

Solo la diosa suprema

En una ocasión, unos devotos querían llevar a la Madre a un famoso templo de Devi, en Tamil Nadu. Sucedió a mediados de 1977. Durante este período, con frecuencia la Madre se abstraía completamente de toda circunstancia externa. No tenía la más mínima consciencia de Su cuerpo.

La familia que deseaba llevar a la Madre al templo era muy devota de Ella. En aquellos días no eran tan numerosas las multitudes que la rodeaban como lo son hoy en día. Los devotos sólo venían durante *Bhava darshan* y, a la mañana siguiente, al terminar, solían invitar a la Madre a sus hogares. A veces aceptaba y pasaba uno o dos días con ellos. Los devotos pensaban que si Ella iba a sus casas, podrían cuidarla durante uno o dos días para que pudiera descansar un poco. En aquellos días la Madre nunca comía ni dormía, a menos que alguien próximo a Ella se lo recordara. Incluso era necesario que alguien insistiese machaconamente y le presionara para que comiese y descansase un poco. Pero aún así, resultaba muy difícil. No le preocupaban sus necesidades físicas. La mayor parte del tiempo la Madre permanecía en un estado de total abstracción.

Los *Bhavas* de Krishna y Devi tenían lugar tres noches a la semana (martes, jueves y domingos). Esos días, la Madre pasaba doce o trece horas recibiendo a la gente. En los días de *Bhava darshan*, los *bhajans* vespertinos empezaban a las tres y media o cuatro de la tarde y duraban hasta las seis de la madrugada. Durante la primera mitad de la noche se celebraba *Krishna Bhava*, que por lo general empezaba a las seis y media, y en la segunda mitad el *Devi Bhava*. Se congregaban alrededor de dos mil personas, las cuales la visitaban dos veces: primero como Krishna y después como Devi. El *Devi Bhava* terminaba algunas veces a las siete u ocho de la mañana.

En aquellos días sólo unas pocas familias estaban realmente cerca de la Madre; es decir, únicamente ellas tenían la gran fortuna de entender que Ella moraba en el más alto estado de realización espiritual. La familia que invitó a la Madre al famoso templo de Devi, era una de ellas. Al principio, la Madre no mostró ningún interés por ir, pero como siempre, al final se rindió a sus ingenuas súplicas.

A propósito de los templos, la Madre declaró una vez: «El templo exterior es para los que no se han dado cuenta de la constante presencia de Dios en su propio corazón. Cuando se percatan de ello, la presencia de Dios lo llena todo, tanto dentro como fuera. Para una persona así, todos los lugares, cada centímetro de este universo se convierte en un templo».

Para ilustrar esta cuestión, la Madre cuenta la siguiente historia:

«Namdev era un devoto muy evolucionado del Señor Krishna. El Señor Mismo le dio instrucciones para ir y entregarse a cierta alma iluminada (Vishobukechara) que vivía en un templo de Shiva, a las afueras de un pueblo. Al llegar al templo, el devoto vio a un anciano tumbado en el interior del lugar sagrado, con los pies descansando en el *Lingam* de *Shiva*. Ofendido por la visión de tal sacrilegio, Namdev palmoteó fuertemente con sus manos para despertar al anciano. Éste oyó el ruido y abrió los ojos. Miró al recién llegado y dijo: «¡Oh sí! Eres Namdev enviado por Vittal[15] ¿verdad?» El devoto se quedó atónito y supo que estaba frente a la gran alma que buscaba. Pero aún así, había algo que no podía entender, y preguntó al anciano:

«Sin duda eres un *Mahatma*, pero ¿cómo has podido colocar tus pies en el Lingam?

«Oh, ¿están en el Lingam? No lo sabía. Por favor, ayúdame a apartarlos, estoy demasiado cansado», dijo el santo.

Namdev levantó las piernas del anciano apartándolas del Lingam y las puso en el suelo, pero sorprendentemente, dondequiera que las pusiera, aparecía un Lingam de Shiva. Namdev cambió de sitio varias veces los pies del santo, pero siempre aparecía un Lingam de Shiva en el lugar exacto que tocaban sus pies. Finalmente, Namdev los puso en su propio regazo, y al hacerlo, él mismo alcanzó el estado de Shiva.

«Un verdadero *Mahatma* es Dios Mismo. No necesita ir a ningún templo o lugar de adoración, porque el lugar en el que mora es en sí mismo un templo. Si a veces visita lugares sagrados, lo hace para dar ejemplo».

Para complacer a sus devotos, la Madre accedió a visitar el templo de Devi. Cuando llegaron al templo, subieron y se quedaron frente a la entrada. Desde allí y a través de la puerta abierta que conducía al lugar sagrado, se podía ver claramente la imagen de Devi, la Madre Divina. Cuando la Madre vio la imagen de Devi, entró inmediatamente en estado de *samadhi*. Se quedó de pie, absolutamente quieta, durante más de hora y media. Esto asustó mucho a los miembros de la familia. La Madre siguió allí

---

15 Un aspecto del Señor Krishna.

inmóvil como una montaña. Lo que más les sorprendía era la postura que había adoptado. Era exactamente la misma que tenía la Madre Divina dentro del santuario.

La familia no sabía cómo hacer volver a la Madre a su estado normal de consciencia externa. De pronto, una mujer de mediana edad se les acercó. Había una gran dignidad en su mirada, pero también tenía el aspecto de una devoción profunda y sincera. En tono autoritario se dirigió al padre de familia: «¿No ves que Aquélla (señalando a Devi en el interior del lugar sagrado) y Ésta (señalando a la Madre que se hallaba en profundo *samadhi*) son una y la misma? ¡Canta el *Meenakshi Stotram!*» Fueron tan auténticas las palabras de esta mujer que el padre de familia, como un niño obediente, empezó a cantar de forma espontánea el antiguo himno en sánscrito a la Madre Divina.

Meenakshi Stotram

Oh Sri Vidya
que adornas el lado izquierdo de Shiva,[16]
Aquel que es adorado por el Rey de reyes,
que es la encarnación de todos los gurús
empezando por el Señor Vishnu,
Cofre del Tesoro de Chintamani,
Divina Joya que satisface todos los deseos
Tú, cuyos Pies son adorados por la Diosa Saraswati
y la Diosa Girija,
Consorte de Shambho, el Dulce Corazón de Shiva,
Deslumbrante como el sol del mediodía
y la hija del Rey Malayadwaja,
Sálvame, Oh Madre Meenakshi.

---

[16] Es decir, que eres la Consorte de Shiva.

Mientras cantaba el Stotram, la mujer se quedó en actitud de profunda oración, con los ojos cerrados y las palmas unidas.

Después de unos minutos la Madre volvió a Su estado normal. Aunque siguió de pie, en el mismo lugar; sin embargo, iba balanceándose suavemente de un lado a otro. Su mirada seguía fija en la estatua de Devi, o en alguna parte, era imposible decir exactamente dónde. La familia finalmente dejó de cantar.

La mujer desconocida que había dicho a la familia que cantara el *Meenakshi Stotram* se postró a los pies de la Madre y permaneció allí largo tiempo, hasta que la Madre se inclinó y la levantó amorosamente. La Madre irradiaba un amor extraordinario al mirar el rostro de la mujer. Ésta parecía hallarse en un estado de dicha suprema. La Madre siguió mirándola largo tiempo. Al final, suavemente apoyó la cabeza de la mujer en Su hombro. La mujer derramaba lágrimas de gozo mientras se apoyaba en el hombro de la Madre. Nadie sabía quién era aquella mujer, ni de dónde había salido.

Este es sólo uno de los innumerables episodios ocurridos en torno a la Madre. La mujer que se había presentado en el templo, en aquel momento, fue como un mensajero divino que tenía por misión recordar a todos, especialmente a la familia devota, que la Madre era la Suprema Diosa en Persona.

Por esta razón el brahmachari que quería hacer otra pregunta, de pronto se detuvo y miró a la Madre. Quería asegurarse de que Ella se encontraba en su estado normal. Cuando vio que la Madre deseaba contestarle, continuó.

El apego a un Satguru es el apego a Dios

Pregunta: «Amma, me sigo preguntando si es preciso estar apegado a la forma externa del Maestro, o ¿basta con la simple aspiración de realizar a Dios para alcanzar la meta final?»

Amma: «Hijos, antes que nada recordad que apegarse al Maestro es apegarse a Dios. Vuestro problema es que intentáis diferenciar entre Dios y el verdadero Maestro. El apego a la forma física de un *Satguru* intensifica vuestra aspiración de realizar al Ser Supremo. Es como vivir con Dios. Él hace mucho más fácil vuestro viaje espiritual. Un Maestro es a la vez el medio y el fin. Sin embargo, conviene que al mismo tiempo hagáis un esfuerzo consciente para ver al Maestro en toda la creación. Debéis, así mismo, tratar de obedecer y seguir Sus indicaciones.

«¿Acaso tenéis formada una idea sobre Dios o sobre el estado supremo de realización? Todo lo que habéis hecho ha sido leer y hablar sobre Él. Pero no han sido más que palabras. Sin embargo, la experiencia es algo que va más allá. Se trata de un misterio incomprensible.

«No podéis experimentar el estado de consciencia de Dios sólo a través de vuestros sentidos o de las Escrituras que habéis estudiado. Para experimentarla, necesitáis desarrollar un ojo nuevo, interno, o tercer ojo. Los dos ojos que ahora tenéis deberían transformarse en un único ojo, sólo entonces podréis ver a Dios. Esto significa que, aunque sigáis viendo con vuestros dos ojos, no deberíais ver el mundo como dual. Toda dualidad debe desaparecer para contemplar la unidad de la creación, el universo entero. El ojo interno o el ojo del verdadero conocimiento, sólo puede abrirlo un auténtico Maestro».

Esta afirmación de la Madre recuerda un famoso refrán de Sri Krishna, el Maestro Perfecto, a su discípulo Arjuna:

> *«No puedes tener experiencia de Mí solamente con tus ojos físicos. Por tanto, te doy el poder de la visión divina. Contempla Mi poder como Señor de todo el universo».*

-Bhagavad Gita, Capítulo 11, verso 8.

La Madre continuó: «Aunque tengas un vehemente anhelo de realizar a Dios, no serás capaz de mantenerlo por mucho tiempo porque la intensidad disminuirá, a menos que seas un perfecto discípulo. Tu anhelo aparece y desaparece, es muy inestable. Y aunque seas capaz de mantenerlo, es posible que sigas atrapado por el deseo de los placeres mundanos. De hecho, no sabes cómo mantener un equilibrio entre el mundo interno y el mundo externo. Si el Maestro no está ahí para guiarte, puedes desviarte del sendero y tomar la dirección equivocada, o incluso detenerte en mitad del camino y volver de nuevo al mundo. Hasta es posible que pierdas tu fe y llegues a creer que no existe el estado de Realización del Ser o Dios.

«El apego a la forma externa del Maestro es como el apego de las *gopis* a la forma de Krishna, o el apego de Hanuman a la forma de Rama, o el apego que los discípulos de Buda y Jesús mostraban hacia ellos. Esos discípulos vivían con Dios. Vivir en la presencia física de un verdadero Maestro y estar apegado a su forma externa es como vivir y estar unido a la Consciencia Pura, al Ser Supremo. Te fortalece y crea una intensa aspiración dentro de ti. Entonces, eres capaz de mantener esa intensidad. Cuando estás bajo el ojo vigilante del Maestro no puedes desviarte del sendero, con tal que vivas con fe, entrega y obediencia a Sus palabras.

«Apegarse a la forma externa de un *Satguru* es como tener contacto directo con la Verdad Suprema. La presencia de ese Gran Ser está tan rebosante de Divinidad, que la sientes en tu corazón, la ves con tus ojos y la sientes por todas partes. Es una sensación tangible la que experimentas a través de todo el ser del Maestro: cuando miras en sus ojos, cuando sientes su contacto, observas sus acciones y escuchas sus palabras.

«Todos quieren estar apegados a alguien: un joven a su novia, un marido a su esposa. Los hijos se apegan a sus padres o a sus juguetes, o exigen la compañía de sus hermanos y hermanas, y la gente quiere amigos. En el mundo son innumerables los apegos y distracciones que mantienen ocupada la mente humana. Las empresas y sus hombres de negocios no cesan de fabricar nuevos productos para cumplir este fin. La gente corre de un objeto a otro en busca de felicidad, impulsados por la necesidad de apaciguar sus mentes. Tan pronto se cansan de un objeto, se sienten impulsados a correr detrás de otro nuevo. Su búsqueda no parece tener fin.

«Cuando hay algo nuevo en el mercado, cuando por ejemplo se estrena una película, tu mente se entusiasma y quieres verla. Cuanto más oyes hablar de la película, más interés muestras por verla. Y cuando se haya cumplido tu deseo, la mente se quedará tranquila durante un tiempo, hasta que alguien te hable de otra película o de cualquier otra cosa. La mente no puede estar en silencio, no puede estar a solas y ser feliz. Si no tiene nada a qué apegarse, se vuelve extremadamente inquieta. La mente crea una larga cadena de apegos. La gente vive en un mundo de fantasía y construye castillos en el aire. Cuando los seres humanos no pueden soñar o no tienen nada en qué pensar, sienten que sus mentes se trastornan, se vuelven locos o se suicidan.

«Inevitablemente acabarás desechando todos los objetos y experiencias que obtengas de este mundo. Nunca te satisfarán por largo tiempo. La mente te arrastra constantemente de una cosa a otra; te obliga a saltar de una a otra, sin poder detenerte. Toda situación mundana provocará vuestro hastío a causa de las demandas incesantes de la mente. Esta es la razón por la que la gente, en Occidente, cambia de pareja, de maridos y esposas, o pretenden una nueva casa en una ciudad distinta. Quieren probar nuevas cosas, relaciones nuevas, porque se cansan fácilmente de lo viejo y de lo ya experimentado. La mente se apega a mil cosas diferentes y te empuja en todas direcciones.

«Como la mente siempre duda y está cargada de negatividad, tu actual aspiración espiritual también puede desaparecer fácilmente, porque tu anhelo de realización proviene de la mente. Tal vez un día, de repente, empieces a cansarte y desees buscar algo nuevo, porque la mente se cansa de todo. Y si no tienes nada a qué asirte ni con que relacionarte, es probable que sientas abulia, incluso de la vida espiritual.

«Para estabilizar tu mente y lograr que se aquiete, necesitas apegarte a algo más elevado que tu mente. La mente es el lugar más ruidoso del mundo. A menos que haya algo en lo que, de verdad, pueda contemplar o meditar, la mente no estará tranquila. Pero el objeto de la propia meditación y contemplación no tiene que ser nada conocido, porque la mente se cansaría muy pronto de tal objeto.

«La aspiración que ahora sientes por Realizar a Dios, puede ser simplemente un apego más entre otros muchos. Tú no sabrías resistir durante mucho tiempo las tentaciones fuertes. En tu actual estado mental, tus otros apegos son mucho más fuertes que el apego a la Realización de Dios. La aspiración que sientes ahora puede provenir de algún entusiasmo o atracción que tal vez hayas sentido en un determinado momento de inspiración. Pero puede desaparecer pronto, porque te cansarás inevitablemente de él, si no sientes un impulso mucho más atractivo y poderoso. Ese impulso es tu apego a la forma externa del Maestro. Ese apego equilibra cualquier otro apego. La atracción y el apego hacia la presencia física del Maestro está impregnada de Divinidad, de modo que no hay posibilidad de hastiarse porque el hastío sólo aparece cuando la mente se interesa por los objetos, experiencias o ideas de este mundo. La mente se aburre fácilmente con las cosas externas porque la verdadera felicidad no se encuentra en nada que proceda del mundo. Sin embargo, un *Satguru* es la fuente misma de la dicha y felicidad eternas. Su mismo ser es inmortal y, si se tiene la suficiente curiosidad, en su presencia se puede contemplar lo ilimitado, que se revela de infinitas maneras. En consecuencia, no es fácil que aparezca el hastío en presencia de un Maestro. Él es la personificación de lo Divino, el tedio no puede surgir si se es receptivo a su divina presencia.

El apego a la forma física del Maestro llena el corazón del discípulo de amor, entusiasmo y satisfacción, y le insufla un sentimiento de frescura. El Maestro infundirá gradualmente estas cualidades en su discípulo. Siempre que el discípulo se sienta desanimado o deprimido, el Maestro lo elevará de ese estado negativo, gracias a su compasión y amor incondicional. Le proporcionará una experiencia estimulante y lo alentará para que siga adelante con decisión y entusiasmo. Esta ayuda le permite al discípulo asentar la mente y calmar sus inquietos pensamientos, ya que la presencia de un verdadero Maestro es el único lugar donde la mente puede descansar siempre sin hastiarse.

«La espiritualidad no es un hecho observable, como lo son el sol y la luna, las montañas y los ríos. La espiritualidad es fe. Sólo una fe total, sin fisuras, nos ayudará a conseguir el objetivo.

«Todo ser humano es, por naturaleza, intelectual o emocional. A los intelectuales les resulta difícil creer porque sólo creen aquello que ven. Como Dios es invisible, creer en Su existencia depende exclusivamente de la fe, y la fe no es un proceso intelectual. Aunque las personas emocionalmente equilibradas pueden creer con más facilidad, tampoco les resulta fácil creer del todo, porque no poseen una fe completa. Su fe es parcial a causa de sus mentes dubitativas. Y tan pronto empiecen a cansarse, buscarán otro objeto donde fijar su fe.

«Tanto los intelectuales como los emocionales necesitan pruebas sólidas y visibles para poder creer. Aunque pueden desarrollar cierto anhelo por realizar a Dios; sin embargo, después de un tiempo, si no logran tener ninguna experiencia real o sentir una presencia tangible de lo Divino, lo más probable es que digan: «Esto es una tontería. No existe esa cosa llamada Dios o la Realización de Dios». Ciertamente el problema radica en su propia mente y en su falta de paciencia. No obstante, si encuentran alguien que les sirva de guía, podrán sentirse confiados y estimulados. Eso les ayudará a permanecer en la vida espiritual y a vivir de acuerdo con sus principios. Pero tal circunstancia sólo es posible en presencia de un verdadero Maestro, si se fomenta una relación personal con él y se genera un apego a su forma externa. Al hacerlo estás estableciendo una relación con Dios, la Consciencia Suprema, tu propio Ser interior. No tiene nada que ver con el apego que mostramos hacia una persona ordinaria. Se trata más bien de una relación que te ayudará a mantenerte desapegado en todas las situaciones. Esto prepara tu mente para dar el último salto hacia la Consciencia Divina».

Un gran silencio se apoderó de todos los oyentes. Las poderosas palabras de la Madre parecían resonar por doquier, en el corazón de los que escuchaban y envolviendo todo el espacio exterior. Prevalecía una estimulante atmósfera de meditación capaz de proporcionar una experiencia tangible de aquello a lo que la Madre se había referido: el valor de la presencia física de un gran *Mahatma*, la importancia de sentirse apegado a Su forma externa, y la necesidad de mantener una relación constante con la encarnación de lo Divino.

Capítulo 16

La Madre, liberadora del alma

La Madre se hallaba en el bosquecillo de cocoteros, frente al templo. A Su alrededor estaban sentados algunos residentes y unos cuantos devotos. Estaban hablando de diferentes temas, cuando de pronto la Madre se volvió hacia Balu y exclamó: «Ottoor-*mon* (mi hijo Ottoor) desea ver a Amma. Tráelo aquí». Balu se levantó y fue a buscar a Ottoor. Éste se hallaba en una habitación especialmente construida para él, encima de las celdas subterráneas de meditación situadas detrás del antiguo templo.

Ottoor Unni Nambootiripadu era un erudito, dedicado al Sánscrito, y un poeta famoso de Kerala. Era una autoridad en el *Srimad Bhagavatam*, que describe principalmente los *avatares* de Vishnu, en especial el de Krishna y Sus juegos infantiles. Los hermosos poemas de Ottoor que glorifican a Krishna son famosos en toda la India, y los devotos de Krishna los aprecian mucho. Tanto el Gobierno de la India, como el Estado de Kerala le habían otorgado numerosos premios, en reconocimiento de su talento como exégeta del *Srimad Bhagavatam* y también por su labor como poeta y escritor. Era un gran devoto del Señor Krishna y estaba íntimamente ligado al famoso templo Guruvayoor de Kerala. La siguiente canción permitirá al lector hacerse una idea de las maravillosas composiciones y de la devoción de este genial poeta.

Kannante Punya

¿Cuando oiré
los benditos nombres de Kanna
resonando en mis oídos?
Y al oírlos,

¿cuándo me conmoveré
y me quedaré totalmente
bañado en lágrimas?
Y estando bañado en lágrimas,
¿cuándo me volveré puro?

Y en ese estado de absoluta pureza
¿cuándo cantaré Sus Nombres
espontáneamente?

Y al cantar en éxtasis
¿cuándo me olvidaré de la tierra y del cielo,
Y olvidándolo todo
cuándo danzaré en completa devoción?
Y mientras esté danzando,
¿podrán mis pasos borrar
las manchas de este mundo?

En esta danza festiva,
destruidos todos los estigmas,
lloraré intensamente.
Y a través de este llanto,
¿se difundirá mi pureza
en todas direcciones?
Y concluida la representación
¿cuándo caeré por fin
en el regazo de mi Madre?
Y mecido en Su regazo,
¿cuándo dormiré pleno de beatitud?

Y en mi sueño,
¿cuándo soñaré
con la hermosa forma de Krishna

que habita en mi corazón?
Y al despertar,
¿cuándo veré a Krishna,
el Encantador del mundo?

Esta canción fue escrita por el gran poeta veinticinco años antes de la encarnación, en la tierra, de la divina Madre. Esta canción encierra una conmovedora y maravillosa historia. Muestra cómo una encarnación de Dios responde a las plegarias sinceras y de todo corazón de un verdadero devoto. En este poema dice: «Y concluida la representación, ¿cuándo caeré por fin en el regazo de mi Madre? Y mecido en Su regazo, ¿cuándo dormiré pleno de beatitud?»

Ottoor se encontró por vez primera con la Madre en 1983. Había sido invitado a la celebración del 30º cumpleaños de la Madre. Había oído hablar de Ella a uno de Sus devotos mientras visitaba Trivandrum. Inmediatamente sintió un deseo intenso y espontáneo de conocerla. Tuvo la fuerte sensación de que la Madre era la encarnación divina de la Diosa Suprema y también del Señor Krishna, su amada deidad. Así pues, vino a conocer a la Madre el día de Su cumpleaños, el 27 de septiembre de 1983. Y cuando la conoció, Ottoor, el devoto de ochenta y cinco años, poeta y erudito, se volvió como un niño de dos años que anhelaba constantemente el cariño y atención de su Madre. Se dio cuenta de que por fin había llegado a su destino, por lo que decidió pasar el resto de su vida en presencia de la Madre. A partir de entonces, también compuso poemas dedicados a Ella. La relación entre la Madre y el poeta de ochenta y cinco años fue única: algo muy especial y extraordinariamente hermoso. Como la Madre apreciaba enormemente su naturaleza infantil, le otorgó el apodo de «Unni Kanna» (bebé Krishna).

Al igual que un niño, solía consultar a la Madre cualquier cosa antes de adoptar una decisión. Si debía tomar una medicina especial, pedía permiso a la Madre antes de tomarla. Aun antes de usar un jabón de baño distinto o cambiar su dieta, primero pedía permiso a la Madre. Sólo si Ella daba su consentimiento, lo hacía. De lo contrario, no modificaba sus hábitos. A veces quería que la Madre lo alimentara. En otras ocasiones deseaba que Ella lo tomara en su regazo. No era raro oírle gritar a pleno pulmón desde su alcoba: «¡Amma, Amma!» Lo hacía siempre que sentía una urgente necesidad de verla. Si en esos momentos la Madre andaba por allí, iba a visitarlo. Si la Madre estaba en Su habitación y no en las inmediaciones, le enviaba un poco de *prasad* con Gayatri o con otro mensajero. Sabedora de que su naturaleza era semejante a la de un niño, la Madre enviaba a veces a alguien a buscarlo para que lo acompañara hasta la cabaña, donde Ella estaba dando *darshan* a los devotos. Entonces lo inundaba de gran amor y afecto, y dejaba que se sentara muy cerca de Ella. Durante esos momentos, Ottoor que siempre se quejaba del estado de su cuerpo, se olvidaba de sus sufrimientos. Le gustaba sentarse siempre cerca de la Madre. Ottoor solía decir, «Recibo mucha energía cuando estoy cerca de la Madre».

Esta extraña relación Madre-niño está más allá del intelecto humano. La mente humana no es capaz de entender que un poeta de ochenta y cinco años llame «Amma» a la Madre, quien sólo contaba con treinta años por aquel entonces. ¿Cómo puede la mente humana entender tal misterio? Para Ottoor Unni Nambootiripadu, la Madre era a la vez su Gurú y su Dios. En la Madre él vio tanto al Señor Krishna, su amada deidad, como a la Madre del Universo. Esta visión está bien reflejada en todas las composiciones que dedicó a la Madre, incluyendo los ciento ocho Nombres de la Madre que fueron escritos por él. La siguiente canción constituye un claro ejemplo:

Oh Madre
Tú eres la doble encarnación de Krishna y de Kali.

Oh Madre
Tú sonrisa y Tu canto,
Tu mirada, Tu contacto y Tu danza,
Tus deliciosas palabras,
El roce de Tus Sagrados Pies,
y el néctar de Tu Amor,
santifican todos los mundos.

Oh Madre,
Celestial enredadera
que gozosa y generosamente
otorgas todos los purusharthas
desde el dharma hasta el moksha,
a todos los seres animados e inanimados
desde el Señor Brahma hasta la diminuta hierba.

Oh Madre
Que asombras a los tres mundos,
que inundas a todos los seres humanos,
a las abejas y a los pájaros,
a las plantas y a los árboles
con las arrolladoras olas de Tu Amor.

Ottoor sólo tenía un deseo. Siempre que recibía el *darshan* de la Madre, le suplicaba: «Amma, cuando exhale mi último suspiro, deja que mi cabeza descanse en tu regazo. Ese es mi único deseo, mi único ruego. Oh Madre mía, déjame morir con mi cabeza en Tu regazo». Esta plegaria la repetía fervientemente siempre que se encontraba junto a Ella. El poeta repetía tanto su ruego, que su deseo era ampliamente conocido por todos los devotos de la Madre y por sus propios admiradores.

Tras conocer a la Madre, Ottoor se convirtió en residente permanente del Ashram. Su estancia allí le resultó plenamente dichosa. Siempre solía decir, «Ahora sé que Dios no me ha abandonado, pues vivo en Su presencia y disfruto de Su divino amor. Antes solía sentirme muy desilusionado cuando pensaba que no podía estar con Krishna o Chaitanya Mahaprabhu[17], o alguno de los *Mahatmas*. Pero ya no siento desilusión alguna, ya que veo en la Madre la encarnación de todos ellos».

Poco antes de la tercera gira mundial de la Madre en 1989, la salud de Ottoor empeoró. Su cuerpo se desmoronaba. Aunque la Madre organizó toda la asistencia necesaria para su tratamiento, Ottoor no podía recuperarse. Se debilitó mucho y perdió buena parte de su visión. Incapaz de ver bien, no podía escribir sus poemas como de costumbre, por lo que empezó a dictárselo a su sobrino Narayanan, quien se ocupaba también de atenderlo personalmente.

Aunque la condición física de Ottoor empeoraba, su inocencia infantil y su actitud hacia la Madre no cambiaron en absoluto. En realidad, se intensificaron todavía más. Su bien conocido ruego de que le dejara morir en Su regazo se hizo constante. Cuando perdió casi la vista, Ottoor dijo a la Madre: «No me importa si Amma quiere llevarse mi visión externa, pero, oh Madre Divina, bendice a tu siervo, quitándole la oscuridad interior y abriendo su ojo interno. Por favor no rechaces la plegaria de este niño».

A esto respondió la Madre amorosamente: «Unni Kanna, ¡no te preocupes! Eso ciertamente ocurrirá. ¿Cómo podría Amma rechazar tu inocente plegaria?»

Una semana antes de que la Madre iniciara su tercera gira mundial, la salud de Ottoor se agravó repentinamente. Se debilitó tanto que hubo de permanecer postrado en cama. Todos pensaban que iba a morir. Ottoor no tenía miedo a la muerte. Lo único que temía era que ésta se presentara cuando la Madre estuviera de viaje, por ello le pidió una vez más: «Amma, sé que estás en

[17] 1485-1535

todas partes y que Tu regazo es tan grande como el universo. Sin embargo, rezo para que estés físicamente presente cuando abandone mi cuerpo. Si muero mientras estás lejos, mi deseo de morir en Tu regazo no se cumplirá». La Madre lo acarició con enorme afecto y respondió con gran autoridad: «No, hijo mío, Unni Kanna, ¡eso no ocurrirá! Puedes estar seguro de que dejarás tu cuerpo sólo después de que Amma haya vuelto». Estas palabras consolaron enormemente a Ottoor. Como esta aseveración procedía directamente de los labios de Amma, Ottoor creyó firmemente que la muerte no podía tocarle antes de que la Madre regresara.

Después de tres meses de viaje por todo el mundo, la Madre regresó al Ashram en agosto. Durante Su ausencia, Ottoor había estado bajo tratamiento en casa de un médico ayurveda, que también era un ardiente devoto de la Madre. Le proporcionó excelentes cuidados y la salud de Ottoor mejoró un poco, pero tras un breve tiempo volvió a empeorar. Entonces la Madre le dijo a Ottoor que debía volver al Ashram, pues se acercaba el momento de abandonar su cuerpo.

Durante el cumpleaños de Krishna, Ottoor se sentó cerca de la Madre y participó en todas las celebraciones que tuvieron lugar. El día después del cumpleaños de Krishna era el día de *Devi Bhava*. El *Bhava darshan* terminaba a las dos y media de la madrugada, tras el cual la Madre fue a la habitación de Ottoor. Estaba muy débil, pero éste se alegró muchísimo al verla. El gran poeta lloró como un niño y suplicó a la Madre: «Oh Amma, Madre del Universo, te ruego que me hagas volver a Ti! ¡Haz que vuelva a Ti, rápido!» Al igual que una madre que colma de atenciones a su hijo enfermo, la Madre frotó el pecho y la frente del poeta, calmándolo. A continuación acarició su cabeza con desbordante amor y compasión.

Amma pidió a Gayatri que trajera un colchón de seda nuevo que uno de los devotos había regalado a la Madre aquel mismo día. Gayatri volvió enseguida con el colchón. La Madre levantó de la cama el delgado y frágil cuerpo de Ottoor, y como una madre que acuna a su bebé, lo sostuvo en Sus brazos mientras Gayatri, Balu y Narayanan extendían el nuevo colchón sobre la cama. Al experimentar Ottoor esta demostración de la infinita compasión de la Madre, exclamó, «Oh Amma, Madre del Universo, ¿por qué derramas tanto amor y compasión en este niño indigno? Oh Amma, Amma, Amma...»

La Madre lo colocó suavemente en la cama, al tiempo que le decía: «Unni Kanna, hijo mío, duerme bien. La Madre vendrá por la mañana».

«Oh Amma, haz que duerma el sueño eterno», respondió Ottoor.

Una vez más, la Madre miró amorosamente a Ottoor antes de salir de la habitación.

Esa noche, el poeta dictó una última canción.
Cuidándome y esperando la curación
Los médicos admitieron su derrota.
Todos mis parientes están abatidos.
Oh Madre, ponme en Tu regazo con tierno amor,
Sálvame y no me olvides nunca.

Oh Saradamani, Oh Sudhamani, Oh Santa Madre
Ponme amorosamente en Tu dulce regazo
Revélame en Tu rostro la luna de Ambadi
No tardes en bendecirme con la inmortalidad.

Revela al hijo de Nanda
en Tu dulce rostro
y coloca a este pequeño Kanna en Tu regazo.
Oh Madre, arrúllale para que se duerma.

Al día siguiente, viernes 25 de agosto de 1989, a las siete de la mañana, la Madre llamó a Narayanan. Cuando llegó le dijo que Ottoor iba a abandonar su cuerpo al cabo de unas pocas horas. A continuación le dijo que preguntara a su tío dónde quería que fueran enterrados sus restos, en el Ashram o en su pueblo natal. Narayanan volvió a la habitación y transmitió a su tío lo que la Madre le había dicho. Aunque su voz era muy débil, Ottoor contestó claramente mientras hacía enfáticos gestos con la mano: «Seré enterrado aquí, en esta tierra sagrada. No hay ningún otro lugar».

Hacia las diez de la mañana, Ottoor pidió a la brahmacharini Leela[18], que se encontraba a su lado, que llamara a la Madre. Pero Leela apenas hizo caso de la petición de Ottoor, pues tenía en sus manos algún tipo de medicamento y explicaba a Narayanan la dosis. Finalmente Ottoor propinó a Leela un fuerte empujón y gesticuló: «¡No más medicina! ¡Vete a buscar a la Madre! Leela salió de la habitación, y durante los siguientes minutos se podía ver claramente que Ottoor movía los labios mientras cantaba constantemente, «Amma, Amma, Amma...» Durante este canto Ottoor entró en un estado parecido a *samadhi*.

En aquel momento la Madre se encontraba en Su habitación. Al entrar Leela por la puerta la Madre dijo a Gayatri y a Leela: «En unos minutos Ottoor-*mon* abandonará su cuerpo. Pero aún no es hora de que Amma vaya allí. En estos momentos su mente está totalmente concentrada en Amma. Este pensamiento intenso culminará en el estado de *layana* (fusión). Cuando esto ocurra, Amma irá a él. Si Amma fuese antes, la intensidad de su concentración se reduciría». Unos momentos más tarde, la Madre salió de Su habitación para ir a la de Ottoor, seguida por Leela. La Madre entró con una radiante sonrisa y se sentó en la cama junto a Ottoor. Con un extraordinario destello en Su rostro, se mantuvo

[18] Brahmacharini Leela es actualmente conocida como Swamini Atmaprana. Anteriormente ejercía la medicina.

mirando los ojos de Su Unni Kanna, como diciéndole: «¡Ven, hijo mío! ¡Mi amado Unni Kanna, ven y fusiónate en Mí, tu Madre eterna». Tal como la Madre lo había anunciado, Ottoor se hallaba en un estado de *layana*. La Madre lo acarició, frotándole la cabeza y el pecho con desbordante amor y compasión. Aunque Ottoor estaba en un estado de *samadhi*, sus ojos estaban entreabiertos. No había indicio de lucha o dolor alguno en su rostro. Podía verse fácilmente lo absorto y gozoso que estaba. La Madre se acercó lentamente a su cabeza. La levantó con una gran suavidad y la puso en Su regazo. Mientras la Madre apoyaba la cabeza de Su amado hijo en Su regazo, le colocó Su mano derecha en el pecho, y siguió mirando su rostro.

Mientras el gran poeta devoto, el Unni Kanna de la Madre, estaba en Su regazo, la Madre le acarició los párpados y éstos se cerraron para siempre. Ottoor abandonaba su cuerpo, mientras su alma se fundía en la Madre para toda la eternidad. La Madre se inclinó y depositó en su frente un beso amoroso, lleno de afecto.

De este modo, los últimos versos de su poema, *Kannante Punya*, escritos veinticinco años antes de la encarnación de la Madre, se hacían realidad por la compasión y gracia de la gran Madre universal:

Y concluida la representación
¿cuándo caeré por fin
en el regazo de mi Madre?
Y mecido en Su regazo,
¿cuándo dormiré pleno de beatitud?

Y en mi sueño,
¿cuándo soñaré
con la hermosa forma de Krishna
que habita en mi corazón?

Y al despertar,
¿cuándo veré a Krishna,
el Encantador del mundo?

Este episodio constituye un gran ejemplo de cómo el *Satguru*, que no es otro que Dios Mismo, realiza los deseos de un devoto sincero.

Otro aspecto importante en este episodio es la respuesta que da la Madre cuando Ottoor le expresa su temor a dejar su cuerpo, mientras la Madre estuviera lejos. Como hemos visto, Ella le responde: «No, hijo mío, Unni Kanna, ¡eso no ocurrirá! Puedes estar seguro de que dejarás tu cuerpo sólo después de que Amma haya vuelto».

¿Quién puede aseverar con tal certeza y garantizar que una persona no va a morir antes de un determinado período de tiempo? La respuesta de la Madre fue realmente categórica. Es como si la muerte estuviese perfectamente bajo Su control y le ordenara: «A menos que Yo lo permita, no puedes tocar a mi amado hijo». ¡Y la muerte le obedeció! ¿Quién más puede ordenar así a la muerte, sino Amma? ¿Quién, según Ottoor, es «la Divina Madre del Universo, la completa manifestación de la Verdad Absoluta (Brahman); la existencia, conocimiento y gozo personificados; la misma Diosa Suprema en forma humana»...?[19] ¿Quién, si no Dios, puede emitir una orden semejante? Sólo Aquel que ha ido más allá de la Muerte puede decir: «Deténte y espera hasta que Yo te diga cuándo». ¿No es eso lo que ocurrió?

Después de la muerte de Ottoor, N.V. Krishna Warrier, un famoso escritor, lingüista y erudito de Kerala, escribió sobre Ottoor en un periódico importante. «Ottoor vio a la Madre Universal en la joven Mata Amritanandamayi. Ella amó con gran ternura al anciano Ottoor como a su propio hijo. Fue en verdad una relación Madre-hijo única».

[19] Tomado de los ciento ocho Nombres.

Volvamos a esa tarde, pocos años antes de que Ottoor dejara su cuerpo. Balu volvía del bosquecillo de cocoteros con Ottoor llevando de la mano al viejo poeta. Con gran devoción y humildad Ottoor cayó a los pies de la Madre. Postrado ante Ella le dijo: «Amma, Tú sabías que este siervo Tuyo quería verte, anhelaba estar contigo. Oh Amma, me mandaste llamar porque conocías el deseo de mi corazón. Amma, por favor pon tus sagrados pies sobre mi cabeza». La Madre se rió y dijo: «¡Unni Kanna, no, no! Están llenos de polvo». Ottoor, con voz poderosa y venerable dijo, «¿Qué estás diciendo? ¿Llenos de polvo Tus pies? Oh Amma, ¡no digas eso! Sé que el polvo de Tus pies basta para matar la oscuridad de la ignorancia en todo el mundo. Por favor pon Tus pies sobre mi cabeza, de lo contrario no me levantaré».

Finalmente, la Madre tuvo que rendirse al deseo de Ottoor y puso Sus pies sobre su cabeza. Ottoor, el gran devoto, estaba emocionado. Repetía en voz alta: «*Anandoham, Dhanyoham, Anandoham*» (soy dichoso, soy afortunado, soy dichoso). Y mientras cantaba, tomaba el polvo de los pies de la Madre y lo frotaba por todo su cuerpo.

Ottoor se arrodilló frente a la Madre y Ella lo abrazó con mucho cariño. El gran poeta levantó los ojos y mirándola como un niño inocente con los ojos llenos de lágrimas, le dijo: «Oh Amma, no abandones nunca a este niño. Déjame estar siempre en Tu divina presencia».

Glosario

Abhaya mudra: Postura de la mano que indica el don de la valentía.

Achara: Costumbres tradicionales.

Arati: Ceremonia en la que se quema alcanfor, que no deja residuo, como símbolo de la entrega total a Dios, que termina con el toque de campana al final de la adoración.

Atma shakti: Energía del Ser o Alma.

Avatar: Encarnación de Dios.

Bhajan: Canto devocional.

Darshan: Audiencia que concede una persona santa o divina.

Dharma: Justicia, de acuerdo con la Armonía Divina.

Jagrat: Estado de alerta.

Kirtan: Canto.

Lalita ashthottara: Los ciento ocho Nombres de la Divina Madre Sri Lalita.

Layana: Fundirse en la Consciencia de Dios.

Lila: Juego o representación divina.

Mahatma: Gran Alma o Sabio.

Maya: Ilusión.

Moksha: Liberación del ciclo de nacimiento y muerte.

Mudra: Postura de la mano que indica verdades místicas.

Nirvana: Liberación del ciclo de nacimiento y muerte.

Pada puja: Adoración de los pies de Dios o de un santo.

Panchamritam: Una sustancia dulce semejante a la jalea, que se ofrenda a Dios en los templos hindúes.

Parashakti: La Energía Suprema o Madre Divina.

Peetham: Taburete sagrado donde la Madre se sienta durante el Devi Bhava.

Pralayagni: El fuego de la Disolución Universal al final de la creación.

Prasad: Ofrendas consagradas que se distribuyen al final de la adoración.

Puja: Adoración ceremonial.

Punya: Mérito, opuesto a pecado.

Purnam: Pleno o perfecto.

Purusha: El Espíritu, o Dios, en su Aspecto masculino.

Purusharthas: Los cuatro objetivos o metas de la existencia humana, es decir, riqueza, goce, justicia y liberación.

Rajas: Uno de los tres gunas o cualidades de la Naturaleza, el principio de actividad.

Sadhak: Aspirante espiritual.

Sadhana: Práctica espiritual.

Sakshi bhava: La actitud de ser «el Testigo».

Samadhi: Absorción de la mente en la Realidad o Verdad.

Sankalpa: Resolución, decisión, voluntad.

Sannyasin: El que ha hecho votos formales de renuncia.

Sarvasakshi: Testigo de todo.

Sattvic: Uno de los tres gunas o cualidades de la Naturaleza, el principio de pureza y serenidad.

Shiva lingam: El emblema del Señor Shiva, de forma ovalada.

Sushupthi: El estado de sueño profundo, sin sueños.

Swapna: Sueño.

Tapas: Austeridades o penalidades que se sufren con el fin de autopurificarse.

Upanishads: La porción final de los Vedas o Escrituras de los hindúes, que trata sobre la naturaleza de Brahman, el Absoluto, la Realidad Trascendental, el Verdadero Ser.

Utsavam: Festival.

Vahana: Vehículo o montura.

Vasanas: Tendencias e inclinaciones, fruto de las acciones y experiencias de vidas pasadas.

Vedas: Las Escrituras autorizadas de los hindúes, literalmente: «Conocimiento».

Yantra: Diagrama o emblema místico.

www.ingramcontent.com/pod-product-compliance
Lightning Source LLC
LaVergne TN
LVHW051730080426
835511LV00018B/2980

* 9 7 8 1 6 8 0 3 7 6 5 8 6 *